대한국민 행복 프로젝트

ESG 시대, 시민참여 거버넌스

ESG 시대 시민참여 거버넌스

대한국민 행복 프로젝트

김경자 지음

달의
뒤편

대한국민 행복 프로젝트
ESG 시대, 시민참여 거버넌스

초판 1쇄 발행일 2025년 10월 28일

지은이 김경자
펴낸곳 도서출판 유심
펴낸이 이헌건
디자인 윤현정

주소   경기도 남양주시 진접읍 해밀예당1로 295 2401동 1004호
전화   0505 625 7979
팩스   02 6007 1725
등록   제399-2021-000037호(2021년 6월 14일)

ISBN 979-11-87132-54-7 03810

인하병원 조합원 여러분께 감사의 마음을 전하며 행복을 기원합니다.

행복을 가르치고
배우는 길 위에서

오늘날 우리 사회가 직면한 위기와 과제는 단순한 경제 문제를 넘어 환경·사회·지배구조 전반에서 균형 잡힌 전환을 요구하고 있습니다. 기후위기, 불평등, 지역 격차, 청년 세대의 불안정한 삶은 단순한 통계 수치가 아니라 지금 우리 앞에 놓인 현실입니다. 이런 때에 출간된 『대한국민 행복 프로젝트』는 매우 시의적절하며, 우리 사회의 나침반이 될 책이라 확신합니다.

행복은 개인의 감정이나 운에 좌우되는 것이 아닙니다. 공정한 교육 기회, 안정된 일자리, 보장된 복지, 안전한 환경이 함께할 때 비로소 가능해집니다. 저자는 오랫동안 사회운동과 연구 활동 속에서 이러한 조건을 만들어내기 위해 헌신해왔습니다. 그 실천과 사유가 이 책 속에 녹아 있으며, 학생들에게 가르치던 문제의식이 이제는 더 넓은 독자들과 나누어지게 되었습니다.

특히 『대한국민 행복 프로젝트』는 행복을 사회적 권리로 규정하며, 국가와 공동체가 함께 책임져야 할 가치로 끌어올립니다. 나아가 시민들이 직접 참여하여 주요 의제의 방향을 결정하도록 하는 <시민참여 거버넌스> 모델을 제안합니다. 무작위 추출 방식으로 구성되는 <시민참여 거버넌스>는 소수의 정치인이나 전문가가 아니라 국민 다수가 행복의 설계에 동참할 수 있는 길을 열어주는 대담한 구상입니다. 이는 단순히 이론적 논의가 아니라, 대한민국이 진정한 선진국으로 도약하기 위한 필수 과제입니다. 교육 현장에서 이를 강조해 온 저자의 노력은 우리 사회의 희망과도 맞닿아 있습니다.

저는 (사)ESG코리아의 설립을 도우며 저자와 함께 사회적 가치 확산의 필요성을 절감한 바 있습니다. ESG가 기업의 과제를 넘어 사회 전체의 규범으로 자리 잡아야 한다는 그의 신념은, 결국 국민 모두의 행복으로 이어지는 길이기도 합니다. 이번 책은 그러한 사명을 다시금 확인하게 해주었습니다.

이 책을 읽는 모든 이들이 행복을 개인의 꿈으로만 두지 않고, 교육을 통해 배우고 사회 속에서 함께 만들어가는 공공의 목표로 확장하길 바랍니다. 그것이야말로 저자가 말하는 '대한국민 행복 프로젝트'의 진정한 의미일 것입니다.

서창훈

우석학원 이사장 / 전북일보 대표이사 회장

추상과 당위론에 멈추지 않는
열정과 실사구시

2024년 12월 3일, '검찰공화국' 대통령 윤석열과 그를 추종하는 무리의 내란으로 한국 사회는 순식간에 위기에 빠졌습니다. 이 위기를 기회로 바꾸어 새로운 대한민국의 가능성을 열어낸 것은 다름 아닌 광장의 노동자 시민들이었습니다. 저자는 '이 과정에서 느낀 것'이 있어 책을 쓰게 되었다고 하지만, 사실은 '세상을 바꿔보자'는 차고 넘치는 열정과 실사구시적 문제의식, 그리고 강한 의지가 『대한국민 행복 프로젝트』라는 신간을 만들어내게 한 것이라 생각합니다.

2025년을 살아가는 대한민국 국민의 삶에 영향을 미치는 문제는 너무도 다양합니다. 세계 최저 수준의 출산율과 급속한 고령화, 높은 자살률, 빈부격차와 불평등, 이념 갈등과 세대 간 갈등, 노동과 자본 간의 갈등, 그리고 디지털 사회로의 전환 등, 복합적인 위기가 중첩되어 우리 사회를 압박하고 있습니다. 기존의 리더십 ― 정부 관료, 국회의원, 노동운동가, 대기업 CEO 등 ― 만으로는 이 다중위기를 극복하고 한국 사회를 '행복의 공동체'로 새롭게 만들기 어렵다는 건 분명합니다.

저자는 수차례 위기의 순간마다 빛났던 노동자 시민들, 즉 다중의 지혜와 단합된 에너지가 대안이 될 수 있음을 이 책에서 힘주어 주장합니다. 그리고 그 가능성을 실현하기 위한 구체적 장치로, 신뢰할 수 있는 데이터와 연구, 증거에 기반한 토론장이자 '신뢰받는 공론장'으로서의 <시민참여 거버넌스>를 제안합니다.

추상적 당위론에 머물지 않는 것 또한 이 책의 큰 미덕입니다. 30여 년간 이어온 사회운동의 여정을 시민민주주의, 사회보장과 노동권, 교육이라는 화두로 연결하고, 연구와 증거, 데이터로 뒷받침된 구체적 근거를 제시합니다. 『대한국민 행복 프로젝트』는 행복한 대한민국을 어떻게 만들어 갈 수 있을지 저자가 자분자분 설명해주는 귀중한 길잡이입니다.

김명환

(사)세계노동운동사연구회 이사장 / 전 민주노총 위원장

이 땅의 주인, 우리 국민의 행복은
사회적 중대 권리이자 시대적 필수 과제!

『대한국민 행복 프로젝트』는 한국 사회가 직면한 불평등과 불안을 넘어설 새로운 해법을 담아낸 책입니다. 저자가 말하는 행복은 단순히 개인의 사적 감정에 머무르지 않습니다. 그것은 국민 모두가 누려야 할 기본적 권리이며, 국가와 사회가 함께 만들어 가야 할 공적 가치입니다.

저자는 오랫동안 노동운동과 시민운동의 최전선에서 활동하며 공공성 강화, 민영화 반대, 복지 확충 및 민생기본권 확보 같은 의제들을 직접 다뤄왔습니다. 그 치열한 경험이 이 책 속에 정책적 대안과 비전으로 정리되어 있습니다. 무엇보다 이 책이 특별한 점은 우리 국민의 행복을 제도적으로 구현하기 위한 구체적인 장치를 제안한다는 데 있습니다.

저자는 국민 행복을 보장하기 위해서는 정책 결정 과정에 시민들이 주체적으로 참여해야 한다고 강조합니다. 이를 위해 무작위 추출 방식으로 구성되는 새로운 형태의 <시민참여 거버넌스>를 제시합니다. 이는 특정 정치 세력이나 전문가 집단에 권한이 집중되는 구조를 넘어, 일반 시민들이 직접 사회 의제의 방향을 논의하고 결정하도록 하자는 매우 혁신적인 구상입니다. 저는 이 아이디어가 민주주의를 한 단계 성숙시키고, 다수 서민의 행복을 실질적으로 보장하는 제도적 토대가 될 수 있다고 생각합니다.

오늘의 한국 사회는 단순한 경제-민생 위기를 넘어 매우 복잡한 공동체 붕괴의 위기를 겪고 있습니다. 그 속에서 저자는 교육·의료·주거·돌봄을 포함한 삶의 전 영역을 국가가 더 적극적으로 책임져야 한다고 말합니다. 우리 국민의 행복을 개인의 문제가 아닌 사회 전체의 약속과 책무로 바라보는 시각은, 우리 사회가 반드시 붙잡아야 할 가치이고 그래야 민주공화국-국민공동체의 붕괴를 막아낼 수 있다고 설파하고 있습니다.

민생경제연구소와 안진걸TV 그리고 홍길동은행 등에서 활동하며 수많은 시민의 목소리를 들어온 제 입장에서도, 이 책이 던지는 메시지는 참으로 절실하고 구체적이어서 설득력이 매우 높습니다. 국민 모두가 존엄하고 행복하게 살아갈 수 있는 나라, 바로 그것이 우리가 향해야 할 길이며 이 책은 그 길을 향한 든든한 나침반이 될 것입니다.

안진걸

현 민생경제연구소장 / 전 상지대학교 초빙교수

건강보험의 미래와
국민 행복을 위한 길잡이

저자는 국민건강보험공단 노동조합 연구원 자문위원으로 '건강보험 보장성 강화 방안', '초고령사회에 필요한 노인의료비 국가 지원금 확대 방안' 등을 연구하였습니다. 연구는 단순한 학술적 과제를 넘어 국민 모두의 삶과 직결된 중대한 주제로, 저자는 연구 과정 내내 날카로운 문제의식과 실천적인 대안을 아끼지 않았습니다.

또한 저자는 민주노총에서 활동하며 저와 함께 사회적 의제들을 다뤘습니다. 그때도 느낀 점이지만, 저자는 늘 현장의 목소리를 귀기울여 듣고, 이를 정책적·제도적 과제로 구체화하는 데 탁월한 능력을 보였습니다. 이 책 『대한국민 행복 프로젝트』는 그동안의 연구와 활동, 그리고 현장의 경험이 집약된 결과물입니다.

특히 이 책은 행복을 개인적 차원의 문제가 아니라 사회적 권리로 확장합니다. 국민의 건강과 안전은 행복의 기본 조건이며, 이를 위해서는 건강보험 제도의 지속가능성이 확보되어야 합니다. 저자는 초고령사회로 진입한 현실에서 국민건강보험이 나아갈 방향을 <시민참여 거버넌스>를 통해 결정되도록 해야 한다는 점을 제시합니다. 이는 국민의 생명과 건강을 지키는 최소한의 안전망을 강화하는 길이며, 나아가 행복한 사회를 향한 필수적 과제이기도 합니다.

저는 노동조합 활동가로서, 그리고 건강보험 제도의 중요성을 누구보다 가까이서 체감하는 사람으로서, 이 책이 던지는 메시지에 전적으로 공감합니다. 불평등과 불안이 커지는 시대에, 국민 모두가 존엄한 삶을 살아갈 수 있도록 만드는 사회적 약속이 바로 건강보험이며, 이 책은 그 약속을 지켜나가기 위한 든든한 이정표입니다.

많은 독자들이 이 책을 읽고, 국민 행복과 건강보험의 미래를 함께 고민하고 실천하는 길에 나서기를 바랍니다.

황병래
국민건강보험공단 노동조합 위원장

『대한국민 행복 프로젝트』에서 미래에 대한 희망을 보다

대한민국 학부모의 엄청난 교육열을 생각하면 교육개혁은 거의 불가능한 일처럼 느껴집니다. 저는 오래전부터 이 책에 소개된 독일 교육제도와 같은 방향으로 바뀌면 좋겠다고 생각해왔습니다.

서울대를 졸업하고 대기업이 아닌 스타트업 입사를 준비하면서, 다른 사람들이 어떻게 볼지 고민하고 망설이는 아들의 모습을 지켜본 적도 있습니다. 어느 대학에 진학했는지, 어떤 직업을 가졌는지가 인생 성적표처럼 여겨지는 사회에서 아들의 고민을 충분히 이해했고, 끝내 스스로의 소신에 따른 선택을 할 수 있도록 응원했습니다. 대한민국의 아이들은 자신의 꿈을 찾을 기회조차 없이 대학입시라는 서열화된 목표를 위해 초·중·고 시절을 보냅니다. 대학 서열은 곧 직장의 서열로 이어집니다. 의료계도 마찬가지입니다. 의사가 되어도 응급이나 당직 근무가 없는, 보수가 많은 진료과를 선호하게 된 지 오래입니다. 그 결과 외과, 소아과, 산부인과 등 필수 진료과 의사는 턱없이 부족하고, 환자들은 이로 인해 어려운 상황에 처하곤 합니다.

저는 현재 성남시의료원(성남시립병원)에서 근무하고 있습니다. 개원 준비 단계부터 함께했고, 이제 정년까지 7년이 남았습니다. 정년 이후의 새로운 삶을 기대하는 마음과 동시에, 연금만으로 살아갈 수 있을까 하는 불안이 공존합니다. 이런 불안은 저만의 것이 아니라 수많은 동시대인의 공통된 고민일 것입니다.

　문제의식은 많았지만 뚜렷한 방법을 찾지 못했던 저에게 김경자 박사의 『대한국민 행복 프로젝트』는 새로운 희망을 보여주었습니다. 불가능해 보이던 것들을 가능으로 바꿀 수 있다는 희망 말입니다. 더 많은 독자가 이 책을 읽고 힘을 얻어 인구감소와 기후위기를 극복하고, 사회보장제도, 의료개혁 그리고 무엇보다 교육혁신을 논의하고 모색할 수 있는 공론장 이 열리기를 간절히 바랍니다.

　그 과정 속에서 우리 사회가 행복한 공동체로 나아가길 희망합니다.

유미라

성남시의료원 수술마취파트장 / 전 성남시의료원 노동조합 지부장

목차

내가 꿈꾸는 세상

대학 입시가 사라진 세상, 초등학교부터 고등학교까지 서열을 확인하는 시험이 없다. 등수가 없으니 잘난 척하는 일등도, 기죽은 꼴찌도 없다. 학교에서 아이들은 친구들과 마음껏 뛰놀고, 학원은 취미를 배우러 다닌다. 학생마다 다른 미래를 꿈꾸며 삶은 다채롭다. 대학 서열이 사라지자 기업의 신입 선발 기준도 달라질 수밖에 없다.

내가 꿈꾸는 세상이다.

시민영웅

뉴스토마토와 K평화연구원에서 2024년 12월 3일 비상계엄 시 국회로 달려간 사람들을 찾아냈고, 730여 명을 선정하여 시민영웅 기념패를 수여했다.

2024년 12월 3일 밤, TV 속 윤석열은 평온하게 앉은 채 "패악질을 일삼은 반국가세력을 반드시 척결하고 국가를 정상화하기 위해 계엄령을 선포한다"라고 말하고 있었다. 섬뜩한 용어와 달리 윤석열 대통령은 편안해 보였다. 마치 드라마를 보는 듯했다.

계엄령이 '실제'임을 자각한 후 변호사에게 전화를 걸어 물었다.

"계엄을 해제하려면 어떻게 해야 합니까?"

변호사는 "국회의원 과반수가 의결하면 되는데, 의원들이 모일 수 있을지 모르겠다"라고 답했다. 나는 페이스북과 단체방에 "나라를 지키려면 국회로 모여야 합니다! 저는 국회로 갑니다"라는 글을 올리고 남편과 국회로 달려갔다. 결혼식을 앞두고 있던 딸은 걱정스러운 얼굴로 조심하라며 배웅했다.

국회 정문은 닫혀 있었고, 시민들이 모여 구호를 외치고 있었다. 하늘에는 헬리콥터가 날고 있었다. 국회의원 비서관으로 일하는 아들은 국회 본관에서 스크럼을 짜고 있다는 연락을 해왔다. 국회에서 계엄 해제가 의결됐다는 속보가 떴다. 우리는 혹시 모를 일에 대비하며 국회 앞을 새벽까지 지켰다.

12월 7일 정족수 미달로 불발되었던 윤석열 대통령 탄핵소추안은 일주일 후인 14일, 국회의원 재적 3분의 2 이상 찬성으로 가결되었다. 경찰의 영장 집행으로 윤석열 대통령이 구치소에 수감되면서 세상에 평화가 찾아온 것 같았다. 그러나 2025년 3월 7일, 재판부가 구속기간을 '날'이 아닌 '시'로 계산하여 윤석열 구속취소를 결정했다. 검찰은 즉시항고를 포기했고, 윤석열은 대통령실로 돌아갔다. 제2의 계엄령이 선포될 수 있다는 두려움이 커졌다.

헌법재판소 판결이 늦어지자 온갖 소문이 돌았다. 4월 4일, 페이스북에 "헌재에서 윤석열 파면을 인용하리라 믿는다. 만약 기각되면 죽을 때까지 집에 가지 않고 싸우리라! 우리 아이들을 위해서!"라는 글을 남기고 헌법재판소 앞으로 갔다. 다행히 헌법재판소는 "국민의 기본적 인권을 침해함으로써 헌법 수호의 책무를 저버린 대통령 윤석열을 파면한다"라고 선고했다.

나는 펄쩍 뛰어올라 만세를 부른 후 주저앉아 펑펑 울었다. 그리고 페이스북에 "안도감인지 뭔지 북받쳐 올라 통곡했다. 이제 다시 만난 세계로, 더 나은 세계로 가자!"라고 적었다. 한순간에 자유와 행복이 빼앗길 수 있음을 절실히 깨달은 사건이었다.

대한국민 행복 프로젝트

행복주의자

학창 시절 서울 용산구 단독주택에 살았다. 시골에서 상경한 부모님께서 우여곡절 끝에 마련한 첫 집이었다. 담을 타고 지붕까지 뻗어 오른 보랏빛 넝쿨이 아름다웠다. 건넛방에 세 들어 살던 신혼부부의 남편은 제약회사에 다녔다. 그 영향인지 아버지는 "여자에게 약사는 최고의 직업"이라며 무조건 약대를 가라고 강권했다. 내가 물리학과를 가겠다고 고집하자 "천재가 아니면 굶어죽는다"라며 설득했다. 결국 '나는 천재가 아니다'라는 자각 속에 약대로 진학했다. 하지만 공부는 뒷전이고 연극 활동을 하며 대학 시절을 보냈다. 부모님은 후에 대통령이 된 김대중 선생을 존경하는 호남 사람이었고, 대학생이 된 나에게 "데모를 하되 앞에만 서지 말라"라고 충고하셨다.

1987년 6월 항쟁 당시 '독재타도'를 외치며 첫 집회에 참가했고, 대통령 직선제를 쟁취했다.

나는 특정 이념을 가져본 적이 없다. 돌아보면 선택의 순간마다 "여기에 있어야 후회하지 않고 행복하다"라고 판단했을 뿐이다. 일상생활의 선택 또한 행복이 기준이었다. 가을바람이 뺨을 스치면 이른바 '가을타기'를 시작한다. 그때부터 철학자처럼 '인간은 무엇인가? 잘 산다는 것은 무엇인가? 인간은 죽으면 어디로 가는 가?'라는 질문을 던지곤 했다. 창밖을 자주 바라보았다. 이런 '가을타기'는 매서운 겨울바람이 얼굴을 때리면 끝났다. 다른 질문에 답하기는 어려웠으나, 잘 산다는 것에 대해서는 '행복하면 잘 사는 것이다'라는 답을 찾았다.

약사, 노동운동

대학교 졸업 후 취업도 하지 않고 철거민촌 아이들을 가르치며 지역운동을 고민하는 나를 보고 아버지는 분노했다. 장도리를 들고 "취업하지 않으면 죽여 버리겠다"라며 협박했다. 결국 성남시에 있는 한진그룹 계열 인하병원 약제과에 취직을 했다. 훗날 이 병원은 폐업했고, 이는 이재명 대통령의 정치 입문 계기가 된 '성남시립병원설립조례제정운동'으로 이어졌다.

당시 4대 1 면접 경쟁을 뚫고 입사했으나 발령은 15일 뒤에 났고, 9월 월급은 12월에야 받았다. 말 그대로 '열이 받아서' 즉시 노동조합에 가입했다. 약사가 스스로 노동조합에 가입하자 간부들은 신기해하며 나를 찾아왔다. 그렇게 노조 기관지 제작을 도우며 활동을 시작했고, 교육부장이 되었고, 단위노조 위원장이 되었다.

인하병원 노조위원장으로 당선된 다음 해, 노동법 개악에 맞선 '96, 97 민주노총노동법개정투쟁' 총파업에 적극 참여했다. 병원 노조 중 최초로 총파업을 결의하고, 다른 병원 노조에도 동참을 호소했다. 지역본부장을 거쳐 민주노총 수석부위원장이 되었고, 단식투쟁과 삭발투쟁을 이어갔다. 일 년 중 반 이상을 거리에서 보냈으며, 구속되어 구치소에 가기도 했다. 문재인 정부 시절,

사회적 대화를 시작했지만 코로나 팬데믹 대응 논의가 부결되면서 그 책임을 지고 직책을 내려놓았다.

노동운동을 하면서 절반은 농성장에서 밤을 새웠다. 체력이 고갈되어 병가를 내기도 했다. 매 순간 스스로 물었다. '이 선택이 행복한가? 후회하지 않을 것인가?'

대한민국 대학 강의실

대학교 졸업 후 30여 년 만에 박사학위를 취득했다. 지역 대학교 비정규 교수가 되어 교양 과목을 가르치며 대학생들을 보니 미안한 마음이 들었다. 졸업 후 그 지역에서 취업하기 어려운 환경 속에서 힘들게 살아가는 모습을 보았기 때문이다.

내가 가르치는 과목은 '건강과 복지'와 '사회적 경제와 ESG' 두 가지다. '건강과 복지'는 건강이 개인의 문제가 아니라 사회적 문제라는 점을 인식하도록 하는 데 초점을 둔다. 동일 국가 내에서도 부자에 비해 가난한 이들은 더 아프며, 나라별 기대수명 차이도 크다. 기대수명이란 특정한 해 태어난 출생아가 생존할 것으로 기대되는 평균 생존 연수를 말한다. 세계보건기구(WHO)에 따르면 고소득 국가와 저소득 국가 간 기대수명 차이는 무려 18년이다. 태어난 나라에 따라 어떤 이는 80세까지 살고, 어떤 이는 60세에 세상을 떠난다.

나는 교양 수업을 통해 학생들에게 의미 있는 시간을 주고 싶었다. 하지만 선배 교수들은 "학생들은 강의 시간을 줄이고 학점을 잘 주는 교수를 좋아한다"라고 충고했다. 실제로 지역 대학을 졸업하면 대부분 취업을 위해 수도권으로 떠난다. 그럼에도 나는 학생들 인생이 조금이라도 행복해지도록 돕고 싶었다. 문제의 본질을 인식하고 해결 능력을 키우려면 스스로 역량을 길러야 한다. 그래서 토론을 제안하며 이렇게 말했다.

"교수인 내 말을 옳다고 믿지 마세요. 삐딱하게 생각하세요. 절대적으로 옳은 것이 있을까요? 예를 들어, 부모라면 무조건 효도해야 할까요?"

때로는 지드래곤의 '삐딱하게'를 불러 분위기를 풀기도 했다. 하지만 토론은 활발히 이뤄지지 않았다. 혐오나 공격적 발언만 제외하면 무엇이든 말해도 좋고, 발언 횟수를 성적에 반영하겠다고 했지만 학생들은 단답형으로 대답할 뿐이었다. 교수로서 토론 진행에 미숙한 탓이기도 하다.

그래도 나는 끊임없이 고민한다. '학생들이 더 행복해지려면 어떻게 해야 할까?'

상상은 자유

대학 입시가 사라진 세상, 초등학교부터 고등학교까지 서열을 확인하는 시험이 없다. 등수가 없으니 잘난 척하는 일등도, 기죽은 꼴찌도 없다. 아이들은 친구들과 마음껏 뛰놀고, 학원은 취미를 배우러 다닌다. 학생마다 다른 미래를 꿈꾸며 삶은 다채롭다. 대학 서열이 사라지자 기업의 신입 선발 기준도 달라질 수밖에 없다.

내가 꿈꾸는 세상이다. 주변 사람들은 "대한민국에서 그런 상상은 백 년이 걸려도 불가능하다"라며 정신 차리라고 충고한다. "대학 입시와 교육제도는 그대로 두되, 지역 대학에 진학해도 양질의 일자리를 구할 수 있도록 지역 기업 유치를 고민해야 한다"라며 절충안을 제시하기도 한다. 그러나 대학 입시가 유지된다면 초·중·고에서 시험 중심의 주입식 교육은 불가피하다. 학생들은 대기업 공장에서 찍어낸 물건처럼 똑같아지고 만다.

김누리 교수는 "민주주의는 제도보다 시민의 성숙에 달렸다. 일상 속 경쟁과 복종을 당연시하는 태도 자체가 이미 파시즘"이라고 진단한다. 시험 성적 우수자(의사, 판·검사, 행정고시 합격자 등)가 지배하는 사회를 바꾸려면 학교에서 시험을 없애야 한다.

행복을 중심에 두고 대한민국 교육제도를 바꿔보자. "나는 행복한가?" "당신은 행복한가?" "행복한 학교에 다니고 싶은가?"라는 질문을 던지고 대화를 나누자. 학창 시절을 행복한 시간으로 만들기 위해 교육제도는 어떤 모습이어야 할까? 상상하고 토론해 보자. 행정고시를 통과한 고위 관료, '영감'으로 불리는 판사와 검사, 고수익 의사…. 돈과 명예를 이들에게만 집중시키고 모두가 그 자리를 향해 달려가는 현실은 비정상이다.

신뢰받는 공론장

대한민국은 자살률 1위, 저출산 1위, 노인 빈곤율 1위라는 불명예와 함께 OECD 국가 중 행복지수 최하위를 기록하고 있다. 이 암울한 지표를 바꾸려면 "이것은 문제다"라는 국민적 공감대가 먼저다.

오늘날 사람들은 SNS에서 정보를 얻는다. 그러나 특정 정보를 검색하는 순간, 알고리즘은 편향된 자료를 집중적으로 제공해 사회는 양극단으로 치닫는다. 신뢰 기반의 공론장이 있어야 문제점과 개선점을 찾아갈 수 있다. 김서중 교수는 "진실에 근거한 공론장을 회복해야 저널리즘이 살고 극우를 막을 수 있다"라고 말한다.

우리에게 필요한 것은 신뢰받는 공론장을 통한 토론이다. 공론장의 중심은 결론이 아니라 토론이다. 무리한 결론은 공론장의 신뢰를 무너뜨릴 수 있다.

신뢰받는 공론장은 ① 시민 무작위 추출 참여, ② 중립적 전문위원회 운영, ③ 디지털 플랫폼을 통한 생방송 공개와 일반 시민 참여 확대, ④ 권고안의 정책 반영 여부를 국민 앞에 공개하여 집행자의 책임을 높이는 장치 등이 필요하다. 공론장은 시민들이 직접 만나 토론하고 협력하며 상호 신뢰를 회복하는 장치로 작동한다.

토론 과정에서 시민역량을 강화한다.

ESG 시대, 거버넌스

ESG는 환경(Environment), 사회(Social), 거버넌스(Governance)를 뜻한다.

　기후위기로 여름은 점점 길어지고 고통스러워졌다. 섭씨 40도를 넘는 폭염이 이어지다가 잠시 주춤하면 좁은 지역에 기록적 폭우가 쏟아진다.

　이런 상황에서 강릉 등 동해안 지역은 가뭄으로 제한 급수를 시행했다. 남유럽 여행을 다녀온 사람에게 "경치가 어땠냐"보다 "얼마나 더웠냐"를 먼저 묻게 된다. 북유럽마저 폭염에 시달리고 있다. 핀란드에서는 3주 연속 섭씨 30도를 넘는 폭염으로 순록이 폐사 위기에 처했고, 스웨덴 여러 지역에서도 장기 폭염이 관측됐다. 지구는 '온난화'를 넘어 '끓고' 있다.

　그러나 고통은 불평등하다. 서울 종로구 쪽방촌 독거노인들의 방은 평균 1.5평에 불과하고, 절반은 선풍기가 없으며, 3분의 1은 창문조차 없다. 탄소 배출을 줄이기 위해 선풍기를 끄라고 할 것이 아니라, 냉방기를 제공하고 더 나아가 창문이 있는 집에서 살 수 있도록 해야 한다. 탄소를 배출하는 주체는 선진국과 부자들인데, 고통은 가난한 나라와 가난한 이들에게 집중된다. 이처럼 환경(E)

문제와 사회(S) 문제는 서로 연결되어 있다.

기후위기의 원인이 인간의 경제활동 때문이기에 자본주의적 해법으로 제시된 것이 ESG이다. 특히 'G(거버넌스)'의 의미에 주목해야 한다. 거버넌스는 환경과 사회 문제를 해결하는 열쇠이자 교육, 환경, 복지, 기후위기 등 복잡한 사회문제를 협력적으로 풀어가는 과정이다. 단순히 '의견 수렴'을 넘어 시민이 의사결정의 과정과 결과에 실질적 영향력을 행사한다는 의미다.

핀란드 봉쇄대화, 아일랜드 시민의회

UN이 발행하는 「세계행복보고서」는 1인당 국민소득, 기대수명, 자유, 사회적 지원, 부패, 관용의 여섯 변수와 함께 갤럽 조사에서 행복에 대한 주관적 질문 결과를 종합하여 단일 지수를 발표한다.

나는 매년 이 보고서가 나오면 대한민국 순위를 확인한다. 2013년에는 41위였는데 2021년에는 62위였다. 2025년에는 58위이다. 흥미로웠던 것은 '행복감과 식사 빈도'에 관한 조사다. 한국인은 일주일에 누군가와 함께 저녁을 먹는 횟수가 1.6회로 142개국 중 132위이다. 아는 사람(가족, 친구 포함)과 함께 식사하는 빈도는 주 4.3회로, 조사 대상국 중 127위이다. 수업 시간에 학생들에게 물어보니 상당수가 혼자 밥을 먹는다고 답했다. 그게 오히려 편하다는 것이다. 실험에서는 함께 밥을 먹어야 행복할뿐더러 심지어 혼자 밥 먹을 때보다 거울에 비친 자신과 함께 먹을 때 더 행복하다고 한다.

강의를 같이 듣는 친구가 70명인데, 함께 점심 먹을 친구가 없는 이유는 무엇일까? 학교에서 만나는 그들은 친구가 아니라 경쟁자로 살아온 때문인가? 혼자 밥 먹는 대한민국 청년들이 안쓰럽다.

대한국민 행복 프로젝트

「UN세계행복보고서」에서 8년 연속 1위를 차지한 국가는 핀란드다. 핀란드인의 행복은 자연 친화적 삶, 타인에 대한 믿음, 제도에 대한 신뢰 그리고 친구와 가족의 지지에서 나온다. 핀란드는 코로나19 팬데믹 초기에 '봉쇄대화(Lockdown Dialogues)'를 추진해 시민들의 경험과 감정을 정책에 반영했다. 목표는 국민 통합과 신뢰 회복이었다. 위기 상황에서 시민 참여형 민주주의가 어떤 역할을 할 수 있는지를 보여주는 사례다. 토론 결과는 정리되어 정책보고서 형태로 국무총리실 및 관련 부처에 제출되었다. 이것이 실제 정책에 반영되면서 국민 통합과 신뢰 회복에 기여했다.

아일랜드는 법률을 제정하는 의회(Oireachtas)와 정부를 견제하는 시민의회(Citizens' Assembly)를 두고 있다. 시민의회는 무작위로 뽑힌 약 100명의 시민으로 구성되며 낙태, 기후변화, 고령화 같은 사회적 쟁점에 대해 심층 토론 후 권고안을 제시한다. 시민의회 회의는 대부분 생중계되고 자료를 공개한다. 시민의회의 권고안은 정부와 의회가 수용 여부를 결정하고, 국민투표로 이어지기도 한다. 예를 들어 낙태합법화(2016), 기후변화 대응(2020), 고령화(2022) 등 주제별 권고안 도출로 국민투표를 유도했다.

필자가 제안하는 <시민참여 거버넌스>는 결론 도출을 강제하는 것이 아니라 토론 자체를 목표로 한다.

자유를 위해

2014년 4월 16일 세월호가 침몰했다. 단원고 학생 250명을 포함해 304명이 희생됐다. 정부는 구조에 나서지 않았고, 박근혜 대통령의 '7시간' 등 수많은 의문은 여전히 해소되지 않고 있다.

그 후 국정농단 사건으로 박근혜 대통령 탄핵안이 국회에서 가결되었다. 나는 2017년 3월 10일 헌법재판소가 "대통령 박근혜를 파면한다"라고 선고할 때까지 촛불혁명의 시작부터 마지막까지 거리에 있었다. 위대한 민주주의의 승리를 경험하며 다시는 그런 정권이 들어서지 않으리라 믿었다. 그러나 문재인 정부 5년 뒤, 윤석열 대통령이 당선되었다. 친일 인사를 요직에 앉히고, 권력형 비리와 무속 논란에 휘말린 끝에 계엄령 내란과 함께 비극적 엔딩을 맞았다.

이재명 대통령 시대가 열렸다. 그는 산재를 겪었던 소년공 출신답게 노동자 출신 노동부 장관을 임명하고 방송 3법, 양곡관리법, 노동법 2조와 3조 개정, 상법 개정 등 윤석열 대통령 거부권으로 막혔던 민생개혁법안을 의결하며 국민과 약속을 지키고 있다. 아울러 민생경제 회복을 위한 조치로 민생지원금을 전 국민에게 지급했다. 이처럼 '국민이 주인인 나라, 함께 행복한 대한민국'을 향

대한국민 행복 프로젝트

해 나아가고 있다.

하지만 나는 여전히 두렵다. 이재명 대통령 후에 어떤 정권이 들어설지 알 수 없기 때문이다. 21대 대통령 선거에서 내란을 옹호했던 김문수 후보가 41.2%를 득표했고 남녀와 세대 갈라치기를 표심에 이용한 이준석 후보도 8.3%를 득표했다. 이런 정치 구조에서 5년 후 어떤 정부가 탄생할지 두려운 것이다.

촛불혁명 후 윤석열 정부의 탄생을 예견한 사람은 없었다. 빛의 혁명 이후는 달라져야 한다. 괴물 정부를 막기 위해 헌법과 법을 정비해야 한다. 알고리즘을 타고 가짜뉴스에 지속적으로 노출되는 상황에서 사이비 종교처럼 정치의식이 극단화하고 있다. 증거에 기반한 토론으로 시민역량을 강화해야 한다. 그래야 극단적 정치가 사라진다. 시민역량 강화로 괴물 정부 탄생을 막는 것이 행복의 길이다.

대한국민 행복 프로젝트

'대한국민 행복 프로젝트'는 국민이 행복으로 나아가자는 선언이다. 시민참여 거버넌스를 통해 시민들의 참여를 확대하고 토론을 진행하여 시민역량을 강화하고, 민주주의를 튼튼하게 함으로써 행복의 기본이 되는 자유민주주의를 지키는 것이다. 수도권 집중 해소, 지방 활성화, 의료제도 개혁, 국민연금, 행복한 교육제도 같은 주요 주제들을 시민과 함께 토론해야 한다. 토론의 목표는 '행복한 대한국민'이 되는 정책 방향을 찾는 것이다.

이재명 정부에서 두 개의 대규모 시민토론을 시작으로 행복한 대한국민 프로젝트를 시작하길 희망한다. 하나는 세금, 국민연금, 건강보험을 비롯한 4대 보험을 묶어 국민부담금과 사회복지제도에 대한 토론이다. 증세 없는 복지 확대는 불가능하다. 국민 행복을 중심에 둔 재정 분담과 복지 방향을 결정하는 것이다. 둘째로 경쟁 없는 교육, 수도권 집중 완화 그리고 지방의 좋은 일자리를 묶은 토론이다. 교육은 일자리와 밀접하게 연결되어 있다. 함께하는 교육, 살고 싶은 지역으로 이어지는 길을 만들어 갈 수 있을지 토론하는 것이다.

이 글은 다 함께 '행복한 대한국민'을 만들어 가자는 제안서다.

일상에서 행복해지려는 노력을 개인과 정부가 함께 해 나가자는 것이다.

그동안 내가 경험한 사례를 중심으로 다양한 의제에 시민들이 참여하는 거버넌스의 필요성을 강조했다. 많은 시민이 이 글을 읽고 단 하나의 의제라도 대한국민 행복을 중심에 둔 시민참여 거버넌스의 필요성에 공감한다면, 이 글은 성공한 것이다. 행복은 함께 만들어 가는 것이다.

Part 1

비전

1
행복을 얘기하자

"행복하세요?"라는 질문에 사람들은 갸우뚱하며 "대충 뭐…"라 답한다. 나는 늘 주변 사람들의 행복이 궁금하다. 경제 선진국에서는 인생의 중요한 의미로 '가족'과 '건강'을 꼽지만, 유독 한국은 '물질적 웰빙'을 말한다. 중형차와 아파트가 성공의 상징이고, 부동산과 주식 투자가 대화 주제이다.

모두 부자가 될 수는 없다. 돈 중심 사회에서는 다수가 가난과 불행 속에 산다. 이제는 돈 이야기를 줄이고 행복을 이야기하자. 많은 연구에서 행복감은 유전(DNA)이라고 한다. 자식이 행복하길 원한다면 스스로 행복을 추구해야 한다.

대한국민 행복 프로젝트

행복은 유전

대한민국에서 행복이란 단어는 시간 여유 있고 돈 많은 이들의 사치스러운 단어로 취급받는다. 그러나 대한민국 헌법 제10조는 이렇게 명시하고 있다.

"모든 국민은 인간으로서의 존엄과 가치를 가지며, 행복을 추구할 권리를 가진다."

즉, 행복추구권은 대한민국 국민이 가지는 불가침의 기본 권리이다.

세계적 행복 심리학자 서은국은 "인간은 살기 위해 행복감을 느끼도록 설계되었다. 행복의 가장 큰 결정 변인은 '유전'이다"라고 말한다. 그는 행복을 위해 "생각을 바꾸기보다 환경을 바꿔라. 압정에 찔리면 아픈 것처럼, 자신만의 행복 포인트를 찾아 일상에 뿌려 두라"라고 권한다. 예를 들어 친구, 평양냉면, 커피, 메시의 패스, 바흐, 좋은 책, 새로운 경험, 운전을 위한 여행 등이 있다. 이런 행복 경험은 뇌가 인식하고, 뇌의 이러한 인식은 DNA를 통해 자손에게 이어진다. 행복 경험이 많아질수록 자손들의 행복 수치가 올라간다.

소소한 행복 추구는 사회적 연대 의식을 강화하고 정치 참여 의도를 높인다는 연구도 있다. 정치적 참여는 시민으로서 자부심을 주며, 이는 행복감을 증진시키는 요인이 될 수 있다. 개인의 행복 경험은 사회적 가치 실현과도 연결될 수 있다.

동아비즈니스리뷰의 「행복을 유전으로 남기려면」(2017)에서도 "자식이나 후손이 행복하길 원한다면 끊임없이 행복을 추구해야 한다"라고 강조한다. 행복에 대한 관심이 커질수록 행복감도 커진다. 내가 행복해야만 행복 유전자를 유산으로 남길 수 있다.

미국 미시간대 연구는 행복해지기 위한 요소의 첫 번째로 '쉽게 행복을 느끼는 유전적 성향'을 제시했다. 니컬러스 크리스태키스와 제임스 파울러는 『행복은 전염된다』에서 행복은 인간관계를 타고 전염된다고 설명한다. 주변에 행복한 사람이 많을수록 나도 행복할 확률이 올라가고, 내가 행복해지면 주변인도 덩달아 행복해질 가능성이 커진다.

스티글리츠 보고서

경제성장률이 올라가면 사람들의 삶의 질도 좋아질까? 이 질문에 답하기 위해 프랑스 사르코지 대통령은 위원회를 설립했고, '경제적 성취 및 사회발전 측정'에 관한 스티글리츠 위원회 보고서를 발표했다. 이 보고서는 3가지 핵심 분야를 중심으로 권고사항을 제시했다.

① 삶의 질

경제적 지표 외에 건강, 교육, 환경, 개인적 안전, 정치적 목소리, 사회적 연결망 등을 포함해야 한다. 주관적 행복감과 삶의 만족도 역시 중요한 측정 지표다. 삶의 질 측정은 평균값뿐 아니라 불평등까지 함께 고려해야 한다.

② 경제적 성과와 소득

GDP는 시장에서 거래되는 상품·서비스만 측정하므로 가계의 실질 소득이나 분배, 자산, 부채 수준을 반영하지 못한다. 따라서 가계 관점의 실질소득 지표가 필요하다. 소득의 질과 안정성, 지속 가능성도 고려해야 한다.

③ 지속가능성과 환경

지속가능성은 현재 세대뿐 아니라 미래 세대의 삶의 질 보장까지 포함한다. 환경 파괴, 자원 고갈, 기후변화는 반드시 경제성과 측정에 반영되어야 한다. 단기적 경제성장만 추구하면 장기적 사회 발전을 해칠 수 있다.

<대표적 권고사항 8가지>

- 가계 소득과 소비에 더 집중하라.

- 소득 분배를 중요하게 다루라.

- 비시장 활동도 고려하라.

- 삶의 질은 다양한 차원을 포함한다.

- 주관적 평가(삶의 만족도 등)를 포함하라.

- 삶의 질 측정에 불평등을 반영하라.

- 지속가능성은 환경·자본·자원 등을 종합적으로 고려하라.

- 단일 지표보다 여러 지표를 결합한 대시보드 형태로 접근하라.

이 보고서는 OECD, UN, EU 등 다양한 국제기구에 영향을 주었고, 삶의 질 지표(Quality of Life Indicators), 행복지수, 지속가능발전 지표(SDGs) 등의 개발로 이어졌다. GDP(국내총생산)를 넘어서 사회적 행복, 포용성, 지속가능성까지 고려하는 새로운 국가 성과 지표 체계를 의미한다.

세계행복보고서

스티글리츠 보고서가 강조한 "GDP 중심 경제개발 패러다임을 넘어, 국민 삶의 만족과 행복을 국가 성과 지표로 삼아야 한다"라는 국제적 흐름을 대표하는 것이 UN 산하 지속가능발전해법네트워크(SDSN)가 주도해 매년 발간하는 「세계행복보고서」다.

이 보고서는 ▲1인당 국민소득 ▲기대수명 ▲자유 ▲사회적 지원 ▲부패 ▲관용 등 6가지 변수와 갤럽(Gallup)의 '캔트릴 사다리(Cantril Ladder)' 설문을 종합해 단일 지수를 발표한다. 캔트릴 사다리는 삶을 0~10까지 사다리에 비유하여 현재 위치를 선택하는 방식으로 주관적 행복을 측정하는 국제 표준 설문 도구다. 10단은 상상할 수 있는 가장 좋은 삶이고 맨 아래 0단은 상상할 수 있는 가장 나쁜 삶을 뜻한다.

보고서는 "사람은 타인을 돕고 배려와 나눔을 실천할 때 행복감을 느낀다. 그리고 그 실천이 수혜자에게 긍정적 영향을 미치는 것을 보며 행복은 더욱 증대된다"라고 설명한다. 즉, 공동체 속에서 상호 교감과 돌봄을 경험할 때 행복은 커진다. 특히 '식사 공유'가 삶의 만족도와 밀접하게 관련된다고 밝혔다. 한국인은 일주일에 누군가와 저녁을 함께 먹는 횟수가 평균 1.6회(135위), 아는 사람과 함께하는 식사는 주 4.3회(127위)로 나타났다. 이는 조사 대상 142개국 중 최하위권이다. 즉, 대한민국은 '혼밥 사회'이고 삶의 만족도 또한 낮다.

대한민국은 경제력과 의료 인프라는 우수하지만 사회적 신뢰와 심리적 웰빙은 취약하다. 따라서 행복 순위를 높이기 위해서는 ▲사회적 연결망 강화 ▲삶의 자유와 여가 보장 ▲심리·정신 건강 지원 확대 ▲기부·봉사 활성화를 통한 관용 문화 조성 ▲공공 신뢰 회복이 필요하다. 기부와 봉사를 실천하며 타인의 실수를 관용하는 문화는 스스로를 더 행복하게 한다. 그러나 이를 가능케 하는 시간·재정적 여유는 사회가 함께 보장해야 한다.

UN 세계행복보고서에서 8년 연속 1위를 차지한 핀란드는 자연 친화적 삶, 타인에 대한 믿음, 제도에 대한 신뢰 그리고 친구와 가족의 지지를 행복의 핵심 요인으로 꼽는다. 문화시설을 '생활권의 중심'에 배치해 누구나 쉽게 문화적 삶을 누릴 수 있다. 북유럽 국가 공통 특징으로서 사회적 신뢰(Social Trust)와 제도적 신뢰가 높고 공동체 의식, 상호 관용, 사회통합을 강조한다(김상아, 2018).

대한국민 행복 프로젝트

삶의 질

OECD는 주관적 웰빙, 즉 행복을 측정하는 가이드라인을 2013년에 발표했다. 가이드라인에 따르면 행복을 측정하는 핵심 차원은 ① 정서적 행복, ② 평가적 행복, ③ 이우데모닉 행복(Eudaimonia, 참된 행복)이다.

정서적 행복은 어제 느낀 행복감이나 우울감 등을 묻는 것이고, 평가적 행복은 삶의 만족도와 삶에 대한 평가를 말한다. 이우데모닉 행복은 아리스토텔레스 철학에 기반하여 좋은 삶에 대한 가치와 의미를 평가하는 차원이다. 이우데모닉은 '행복하고 건강하며 번영하는 만족스러운 상태'이다. 즉 행복은, 행복감이라는 정서적 느낌을 가지고 삶에 만족하며 자신의 삶이 가치 있다고 평가하는 것이다.

OECD는 「How's Life? 2024」 보고서를 통해 코로나19 팬데믹이 국가 경제와 국민 삶에 미친 영향을 분석했다. 팬데믹 이후 많은 국가에서 경제적 어려움이 커졌고, 특히 건강 상태에 부정적인 영향을 미쳤다. 정부 순자산 불평등은 2019년 이후 심화되었고, 걱정과 슬픔의 감정은 더욱 악화되었다. 2023년 OECD 국가에서 외로움을 느낀 사람의 비율은 4%에서 14% 사이였다. 웰빙의 불평등은 여전히 심각하다.

교육 수준에 따른 차이도 분명했다. 대학 교육을 받은 사람은 저학력자보다 외로움을 느낄 가능성이 1.5배 낮았고, 신체적 고통을 경험할 가능성도 1.3배 낮았다.

기후 변화 대응에 대한 OECD 국가들의 조치는 가속화되었으나 지구 온난화를 막기에는 충분하지 않았다. OECD 회원국 7명 중 1명은 극심한 더위에 노출되었고, 절반 이상의 국가에서 물 부족이 '중간-높음'으로 분류되었다. 생물다양성 위험도 중·단기적으로 증가했다. 이제 인구 고령화·전염병·디지털화·AI 등 구조적 변화와 기후변화라는 도전에 대응하기 위해 사람 중심의 해결방식을 찾아야 한다.

삶의 의미

퓨 리서치 센터(Pew Research Center)는 17개 경제선진국을 대상으로 '무엇이 삶에 의미를 주는가'라는 조사를 진행했다. 응답자들이 가장 많이 꼽은 삶의 의미 요소는 '가족'이었다. 이는 17개국 중 14개국에서 1위를 차지했다. 스페인과 그리스는 '건강'을 가장 중요한 의미로 꼽았다. 반면, 대한민국은 '물질적 웰빙'을 삶의 가장 중요한 의미로 꼽은 유일한 나라였다.

세부적으로 살펴보면, 소득이 평균 이상인 응답자는 '가족'을 삶의 의미로 꼽는 비율이 높았다. 교육 수준이 높은 사람들은 봉사와 시민 참여를 삶의 의미로 보는 경향이 컸다. 이념적으로는 좌파 성향의 사람들이 자연·친구·취미에서 의미를 찾는 반면, 우파 성향의 사람들은 종교를 더 자주 언급했다. 이는 한국의 대형 교회와 특정 종교가 보수 세력을 조직적으로 지지하는 흐름과도 맞닿아 있다.

연령별 차이도 뚜렷하다. 젊은 층은 친구와 취미를, 중장년층은 가족과 직업을, 노년층은 건강을 삶의 중요한 의미로 꼽았다. 그러나 대한민국 사람들은 연령과 관계없이 '물질적 웰빙'을 가장 중요한 의미로 답했다.

한때 "부자 되세요"라는 광고가 대히트를 치면서, 모임에서 대화의 중심은 늘 '주식·부동산'이다. 부의 축적이 곧 인생 성공이라는 대한민국의 슬픈 자화상이 이번 조사로 확인된 셈이다. 또한 대한민국에서 직업이 삶의 의미를 차지하는 비율은 6%에 불과했다. '물질적 웰빙'은 중요하게 여기지만, 정작 직업 자체는 의미가 없다고 답한 것이다. 이는 직업 선택의 기준이 '월급 액수'이지 본인이 하고 싶었던 '일'이 아니기 때문일 것이다.

소득과 행복

개인의 행복감과 관련된 요인에는 소득이 있다. 이스털린(Easterlin)은 "소득이 일정 수준까지 늘어나면 행복감도 비례해서 올라가지만, 일정 수준을 넘어서면 소득이 더 늘어도 행복감은 정체된다"라는 이른바 '이스털린 역설'을 주장했다.

그는 사회주의 국가와 자본주의 국가를 포함한 30개국의 행복도를 연구한 결과 방글라데시 같은 가난한 나라의 행복지수가 미국·프랑스 같은 선진국보다 높게 나타났다고 지적했다. 한 국가 내에서는 고소득층이 저소득층보다 더 행복하다고 느끼지만, 국가 간 비교를 하면 행복지수와 1인당 소득은 반드시 비례하지 않는다. 사람들은 절대적 소득보다 상대적 소득, 즉 다른 사람과 비교한 소득에 더 민감하다는 것이다. '사촌이 땅을 사면 배가 아프다'라는 속담이 이를 잘 설명한다.

소득이 늘면 잠시 행복해지지만 시간이 지나면 새로운 생활 수준에 적응해 다시 예전의 행복 수준으로 돌아간다. 또한 더 많은 소득은 새로운 욕구를 불러와 만족감을 유지하거나 오히려 줄인다. 소득 증가만으로는 행복이 올라가지 않는다는 것이다.

따라서 경제성장만으로는 국민 행복을 높이기 어렵다. 분배, 복지, 사회적 안전망, 여가, 건강, 공동체 신뢰 등 비경제적 요인도 행복을 좌우하기 때문이다.

나라별 웰빙 평가

캐나다의 웰빙 지수(Canadian Index of Wellbeing: CIW)는 국가가 만든 행복 관련 지표 중 가장 널리 알려져 있다. CIW는 개인적 자원(건강·교육·시간 활용), 공적 자원(생활 수준·여가와 문화·공동체 활력·민주적 참여), 생태 체계(환경) 등 8개 영역으로 구성된다. 1994년 이후 지속적으로 측정되고 있으며, 단일 국가 차원 연구로는 가장 활발히 진행되고 있다.

캐나다는 꾸준한 경제성장을 보였지만, 웰빙 증가는 그에 미치지 못했다. 불평등이 커지면서 건강과 복지에 부정적 영향을 미쳤고, 이는 상·하위 계층 모두에 영향을 주었다.

이탈리아는 2013년, GDP를 넘어서는 새로운 지표 개발을 위해 「공평하고 지속가능한 웰빙 보고서」를 처음 발표했고, 이후 매년 보고서를 내고 있다. GDP는 국가 경제 성과를 측정하는 데 중요하지만, 사회와 환경 지표를 보완해 국민 삶을 종합적으로 평가해야 한다는 것이다.

일본은 이미 1970년대에 경제성장과 행복 증가가 일치하지 않는다는 사실을 발견했다. 웰빙은 주관적 요인이 크며, GDP·문맹률·기대수명 등 객관적 지표만으로는 설명되지 않는다는 것이다.

따라서 웰빙 측정은 '완벽한 지표' 개발보다는 '이상적인 사회가 무엇인가'라는 질문을 던지고 사회적 토론을 유도하는 것이 목적이다.

부탄의 4대 왕 지그메 싱이 왕축(Jigme Singye Wangchuck)은 "국민총행복(GNH)이 국민총생산(GDP)보다 중요하다"라고 선언했다. 이후 부탄은 정부 정책과 개발 계획의 목표를 국민총행복 증진에 두었고, 국민총행복지수(GNHI)를 개발해 정책과 사업이 국민 행복에 미치는 영향을 분석·공표했다.

GNH는 9개 영역으로 평가된다. 9개의 영역은 소득이나 물질적 소비와 관계없는 것들을 다수 포함하고 있다.

- 심리적 안정: 삶에 대한 만족·긍정적 정서·영성

- 건강: 신체적·정신적 건강

- 시간 사용: 일·비업무·수면 균형

- 교육: 공식·비공식 교육, 지식·가치·기술

- 문화 다양성과 회복력: 전통·축제·예술

- 공동체의 역동성: 가족·이웃 관계, 사회적 유대·봉사

- 좋은 거버넌스: 정부 정책 참여 정도, 권리·자유

- 생태 다양성과 회복력: 환경 평가, 친환경 행동

- 생활수준: 소득·재정·주거·자산

영국은 2011년부터 '개인 웰빙'을 영국 통계청이 주도해 측정한다. 웰빙 측정은 전화 및 대면 면접을 통해 이루어지며 주요 항목은 ▲생활 만족도 ▲보람 ▲행복 ▲걱정이다. GDP 같은 경제 지표를 보완해, 주관적 웰빙을 반영하는 것이다. 흥미로운 점은 이 네 개의 질문을 종합해 단일 지표로 만들지 않고, 각각 독립적으로 존중한다는 점이다. 질문 하나하나가 개별적으로 중요하므로 이들을 결합하는 것은 적절하지 않다고 판단하기 때문이다.

개인적 웰빙의 측정을 위한 네 개의 질문은 아래와 같다.

- 당신은 현재 당신의 삶에 대해 얼마나 만족하십니까?
- 당신은 인생에서 당신이 하는 일이 가치 있다고 생각합니까?
- 당신은 어제 얼마나 행복함을 느꼈습니까?
- 당신은 어제 얼마나 걱정스러움을 느꼈습니까?

뉴질랜드 웰빙 예산

2019년 5월 30일, 뉴질랜드의 저신다 아던(Jacinda Ardern) 정부는 세계 최초로 '웰빙 예산'을 발표했다. 높은 자살률과 아동 빈곤 증가가 계기가 되었다. 이 예산은 단순히 GDP 중심의 성장이 아니라, 국민의 건강·삶의 만족·환경 등 다양한 웰빙 요소를 국가 정책의 중심에 두었다.

예산안은 "연립정부의 첫 번째 웰빙 예산에 오신 것을 환영합니다. 이제 현실이 되었습니다"라는 저신다 아던 총리의 인사말로 시작한다. 국민총생산(GNP)이 아니라 국민총행복(GNH)을 예산의 중심에 둔 것이다.

5대 우선순위는 다음과 같다.

• 정신 건강 심각하게 고려

  - 4억 4,500뉴질랜드달러를 투입해 정신건강 서비스 제공

  - 자살 예방에 4,000만 달러 추가 지원

  - 중·고등학교 간호사 배치 확대, 노숙인 주거 지원 강화

• 아동 웰빙 개선

  - 가정폭력·성폭력 대응에 3억 2,000달러 지원

- 돌봄 아동 자립 생활 지원, 학교 재정 지원 확대
- 마오리 및 태평양 지역 주민 지원
  - 가족 안녕 프로그램, 언어 보존, 청년 고용 지원 등
- 생산적인 국가 건설
  - 스타트업 지원, 직업훈련, 기후 대응 연구, 철도 인프라 투자
- 경제 전환
  - 병원 환경 개선, 학교 신설·개보수, 장기 검사 프로그램 확대

이후 '웰빙 예산'은 실효성 논란이 일며 2024년부터 '성장 예산'으로 대체되었다. 학자들은 "마케팅에 그쳤다"라거나 "구조적 문제 해결에는 미흡했다"라고 비판했다. 반면 대규모 재정 투자로 기존의 높은 청년 자살률 문제 완화에 기여했고, 저소득 가정 지원, 아동 주거환경 개선 예산이 포함되어 아동 빈곤율 완화에 일정 효과를 보였다는 긍정 평가가 있다. 뉴질랜드 웰빙예산제도는 행복·웰빙 지표를 통합하여 재정 운영 패러다임을 바꾼 실험으로 참고할 가치가 있다.

자식이나 후손이 행복하길 원한다면 끊임없이 행복을 추구해야 한다. 그래야 행복 유전자를 유산으로 남길 수 있다. 행복에 대한 관심이 커질수록 행복감도 올라간다.

가족·이웃·친구와 행복을 주제로 대화를 나누고 "나는 행복한 가?"라는 질문을 스스로에게 던져보자. 행복은 보장받아야 할 우리의 기본권이다.

연구에 따르면, 욕을 하면 통증을 더 잘 견딜 수 있다는 결과도 있다. 행복을 위한 다양한 연구자들의 제안 중 자신에게 맞는 것을 찾아 적용하고, 일상에서 꾸준히 실천해 보자.

(1) 스티븐스의 행복 팁

BBC와 TEDx 강연 등에서 스티븐스는 다음과 같은 실용적인 행복 팁을 소개한다.

- 가끔은 욕해도 된다.
  - 무조건 참기보다는 건강하게 분출하라.
- 웃음과 유머는 최고의 해독제다.

- 스트레스를 줄이고 긍정적 정서를 증폭시킨다.
- 신체활동을 게을리하지 마라.
  - 운동은 즉각적인 기분 개선 효과가 있다.
- 자신의 감정을 부끄러워하지 마라.
  - 감정을 솔직히 드러내는 것이 심리적으로 더 건강하다.

스티븐스의 핵심 메시지는 "행복은 참는 것이 아니라 건강하게 푸는 것에서 시작된다"이다.

(2) 마이어스의 주머니 속 행복

마이어스는 자신의 저서 『마이어스의 주머니 속의 행복』에서 "행복은 주머니 속에 늘 함께 있는 것"이라고 말한다. 즉, 행복은 외부에서 획득하는 것이 아니라 자신의 태도, 관계, 의미 있는 삶의 방식에서 나온다는 것이다. 돈·명예·지위보다 사람·목적·경험이 행복을 더 깊게 만든다. 그는 개인 행복을 위해 다음과 같은 '행복의 십계명'을 제시한다.

① 감사 습관 가지기
② 비교보다는 성장 지향하기
③ 의미 있는 목표를 세우고 몰입하기
④ 긍정적이고 따뜻한 관계 맺기

⑤ 봉사와 나눔 실천하기

⑥ 운동·수면 등 기본적 신체 건강 관리하기

⑦ 영적·종교적 활동을 통해 삶의 의미 찾기

⑧ 웃음과 유머를 생활 속에 두기

⑨ 스트레스에 유연하게 대처하기

⑩ 현재의 순간을 즐기기

(3) BBC행복위원회의 행복 10계명

'BBC행복위원회'는 연구 결과를 바탕으로 실천하기 쉬운 '행복 헌장 10계명'을 제안했다.

① 운동을 하라. 일주일에 3회, 30분이면 충분하다.

② 좋았던 일을 떠올려라. 하루를 마칠 때 감사할 일을 다섯 가지 생각하라.

③ 대화를 나누라. 매주 한 시간은 배우자나 가장 친한 친구와 온전히 대화하라.

④ 식물을 가꾸라. 작은 화분이라도 괜찮다. 단, 죽이지는 말라!

⑤ TV 시청 시간을 절반으로 줄여라.

⑥ 미소를 지어라. 하루에 한 번은 낯선 이에게 미소 짓거나 인사하라.

⑦ 친구에게 전화하라. 오랫동안 연락하지 못한 지인에게 연락하고 약속하라.

⑧ 하루에 한 번 크게 웃어라.

⑨ 매일 자신에게 작은 선물을 하고 즐겨라.

⑩ 매일 누군가에게 친절을 베풀어라.

(4) 미국 미시간대 연구

미시간대 연구에 따르면 가난한 나라일수록 소득이 행복에 뚜렷한 영향을 미치지만, 1인당 국민소득이 1만 5,000달러를 넘어서면 소득과 행복지수는 큰 상관이 없었다. 연구진은 '행복으로 가는 길 10가지'를 제시했다.

① 쉽게 행복을 느끼는 유전적 성향

② 결혼

③ 친구를 사귀고 존중하기

④ 욕심 줄이기

⑤ 좋은 일 하기

⑥ 신념 갖기(종교적이든 아니든)

⑦ 외모를 남과 비교하지 않기

⑧ 돈을 더 많이 벌기

⑨ 우아하게 늙기

⑩ 천재가 아니라 해서 비관하지 않기

(5) 로스웰과 코언의 행복지수

영국의 심리학자 로스웰(Rothwell)과 상담가 코언(Cohen)은 다음과
같은 행복지수 공식을 제시했다.

Happiness = P + (5 × E) + (3 × H)

P(Personal characteristics): 개인적 특성 – 인생관, 적응력, 유연성, 회복력

E(Existence needs): 생존 조건 – 건강, 재정 상태, 인간관계, 안전감

H(Higher order needs): 고차원적 욕구 – 자존감, 기대, 야망, 유머 감각

그들은 행복을 위해 다음을 강조했다.

- 가족·친구·자신에게 시간을 쏟아라.
- 흥미와 취미를 추구하라.
- 밀접한 대인관계를 맺어라.
- 새로운 사람을 만나고 틀에서 벗어나라.
- 현재에 몰두하라, 과거·미래에 집착하지 말라.
- 운동하고 휴식하라.
- 항상 최선을 다하되, 실현 가능한 목표를 세워라.

2
한국인의 행복 자화상

한국인은 '응애~' 하고 태어나는 순간부터 '준비, 땅!' 하고 출발선에서 달려 나가는 육상선수 같다. 모두가 거의 한 가지 목표, 곧 대학 진학을 향해 달려간다. 대학을 마치면 다시 취직을 위해 달린다.

더 빨리, 더 많이, 더 좋은 것을 향해 달리는 경쟁의 연속이다. 어린 시절부터 '이것은 꼭 해야 하고, 저것은 절대 해서는 안 된다'라는 수많은 규칙과 고정관념 속에서, 개인의 취향은 빠져있는 상태로 행복이 설계된다.

한국인은 행복을 미로 속에서 찾고 있다.

한국인의 이상한 행복

독일 출신 방송 프로듀서 안톤 슐츠는 자신의 저서 『한국인들의 이상한 행복』에서 "대한민국 사람들은 행복하지 않다기보다는 행복이 무엇인지 잘 모른다"라고 지적한다. 한국에서 20년 이상 살면서 비즈니스 컨설턴트, 교수, 다큐멘터리 제작자 등 다양한 직업으로 한국 사회를 경험한 그는 많은 한국 사람이 스스로 행복하지 않다고 생각하는 이유가 궁금했다고 한다.

그는 "한국인은 '응애~' 하고 태어나는 순간부터 '준비, 땅!' 하고 출발선에서 달려 나가는 육상선수 같다"라고 말한다. 모두가 거의 한 가지 목표, 곧 대학 진학을 향해 달려간다는 것이다. 대학을 마치면 다시 취직을 위해 달린다. 더 빨리, 더 많이, 더 좋은 것을 향해 달리는 경쟁의 연속이다. 어린 시절부터 '이것은 꼭 해야 하고, 저것은 절대 해서는 안 된다'라는 수많은 규칙과 고정관념 속에서, 개인의 취향은 빠져 있는 상태로 행복이 설계된다. 그는 "한국인은 행복을 미로 속에서 찾고 있다"라며 성취 중심·결과 중심 사회에서 개인이 행복을 찾기는 어렵다는 통찰을 내놓는다.

영국 출신 라파엘 라시드(Raphael Rashid)는 런던대학교(SOAS)에서 한국·일본학을 전공하고, 고려대 국제대학원에서 한국학 석사 과정을 마쳤다. 프리랜서 저널리스트로 11년 넘게 한국에 거주하며 『엘르 코리아』에 칼럼을 연재했고, 『가디언』, 『뉴욕타임스』, 『닛케이 아시아』 등에도 기고했다. 그는 저서 『우리가 보지 못한 대한민국』에서 외국인의 시선으로 한국 사회의 이면을 분석한다. 그의 진단은 다음과 같다.

① 한국에는 눈치 문화가 있으며, '남과 같아야 한다'는 압박과 아웃사이더에 대한 배타성이 존재한다. 단일민족주의, 유교적 가족 중심주의, 분단 상황 등이 복합적으로 작용한 결과다.

② 연애·결혼에 대한 사회적 기대, 스펙과 성별 역할에 따른 압박, 직장 내 위계 문화가 개인에게 큰 갈등을 안긴다.

③ '팩트 만들기', '축소하기', '부풀리기' 등을 일삼는 언론은 신뢰성 문제가 크다.

④ 이념, 지역, 성별, 세대 갈등이 첨예하며, 사회는 흑백논리와 양극화 구도에 갇혀 있다.

⑤ 소수자와 '다름'에 대한 사회적 수용이 부족하다.

⑥ 눈부신 발전과 글로벌 주목에도 불구하고 한국인은 불안과 불행을 호소한다.

⑦ 정치, 종교, 언론은 타자를 배제하고 흑백논리를 강화하는 구조적 문제를 안고 있다.

"튀지 마라, 모난 돌이 정 맞는다"라는 말은 한국 부모들의 주된 가르침이다. 아이가 학교에 입학할 때 "얌전히, 선생님 말씀 잘 들어라"라는 당부도 흔하다. 그러나 세상을 이롭게 하는 것은 '다름'이다. 사람은 누구나 생김이 다르듯 취향도 다르고 꿈꾸는 미래도 달라야 한다. 소수와 다름을 존중하고 자신만의 행복 포인트를 찾는 용기가 필요하다.

대한국민 행복 프로젝트

한국 사회는 산업화와 민주화를 달성했음에도 삶의 만족도와 행복 수준은 높지 않으며, 다양한 사회문제에 직면해 있다. 유례없이 낮은 출산율과 급속한 고령화, 높은 자살률은 사회 전반의 활력을 약화시킨다.

빈부격차, 이념 갈등, 세대 갈등, 노사 갈등 등 각종 갈등이 첨예하게 대립하고 있다. 이제는 경제성장 중심의 정책에서 벗어나 삶의 질을 높이는 방향으로 정책적 대응과 사회적 관심을 기울여야 한다.통계청의 「국민 삶의 질 보고서 2024」에 따르면, 삶의 질은 특정 상태가 바람직하다는 사회적 가치와 규범을 반영한다. 즉, 절대적 개념이 아니라 한 사회의 경제·사회 발전 수준과 구성원의 가치·규범에 따라 달라지는 상대적 개념이다. 또한 개인의 삶의 질뿐 아니라 '전체 사회의 질'을 포함하는 포괄적 개념으로 설명된다.

(1) 노동자의 임금 문제

비정규직, 영세 사업장 종사자, 여성은 저임금에 시달리고 있다. 2023년 임금노동자의 월평균 임금은 355만 4,000원이었다. 상용

노동자는 421만 1,000원, 임시·일용노동자는 178만 5,000원이었
다. 임시·일용직의 임금은 상용노동자의 42.4% 수준에 불과하다.

사업체의 규모에 따른 임금 차이도 크다. 1~4인 사업체 노동자
의 월평균 임금은 247만 1,000원으로, 300인 이상 사업체 노동자
607만 1,000원의 40.7%에 불과하다. 고용 형태별과 사업장 규모
별 임금 차이가 크다. 저임금 노동자 비율은 2023년 기준 16.2%에
달했고, 그중에서도 남성은 10.9%, 여성은 24.5%로 두 배 이상 차
이가 난다. 한국은 국제적으로도 저임금 노동자 비율이 높은 나라
에 속한다. 소규모 사업장·비정규직 노동자의 저임금 문제 해결이
시급하다.

(2) 청년의 불안

노법래가 청년들의 웹상 댓글을 분석한 결과에 따르면 ▲가족
형성과 젠더 갈등 ▲미래에 대한 불안 ▲높은 경쟁이 주는 피로와
낮은 성취 ▲계급화된 노동시장 ▲좋은 일자리에 대한 기대 ▲지
역 격차로 인한 불균형 등이 행복에 큰 영향을 미치는 요인으로 나
타났다.

이러한 상황은 청년 개인의 삶의 질 문제에 그치지 않고 민주주
의의 성숙과 안정적 경제성장을 위한 사회 혁신 가능성을 약화시
킨다. 특히 높은 경쟁에서 오는 스트레스와 기성세대가 만든 경쟁
체제 속에서 자립이 어렵다는 불만이 결합되어 정치 불신으로 이

어진다. 대통령 선거에서 드러난 청년층의 불신 역시 이런 맥락에서 해석할 수 있다.

청년의 삶

국무조정실의 「2024년 청년의 삶 실태조사」에 따르면 대한민국 청년들의 삶은 위태롭다. 건강 상태를 '좋다'고 응답한 청년은 61.1%에 불과했고, 40% 가까이는 건강하지 않다고 답했다.

- 1인 가구 청년 비율: 23.8%
- 청년 가구 월평균 생활비: 213만 원
  - 식료품비(80만 원)와 교통비(22만 원)가 절반 가까이 차지
  - 오락·문화비(18만 원) 순

청년 취업자의 월평균 소득은 266만 원이다. 그러나 생활비를 제하면 미래 준비 여력이 부족하다. 비구직 청년 중 27.5%는 '그냥 쉬었다'라고 답했다.

이직·구직 시 고려 1순위는 임금(57.9%)으로, 고용 안정성(9.9%), 근로시간(7.6%), 장기적 진로 설계(5.4%)보다 압도적으로 높았다. 비수도권 청년들이 다른 지역으로 이주하는 이유 역시 '더 나은 일자리'(43.5%)가 가장 많았다. 수도권 집중이 더욱 심화되고 있음을 알 수 있다.

대한국민 행복 프로젝트

학력 현황을 보면, 고졸 이하 청년은 17.4%이고 대학(졸업 포함) 이상은 82.6%였다. 이는 학력 과잉 사회임을 보여준다. 대학에 진학하지 않은 이유로는 "빨리 취업해 돈을 벌고 싶어서"라는 응답이 40.4%로 가장 많았다.

우울증 유병률은 8.8%, 최근 1년간 자살을 생각한 청년은 2.9%였다. 최근 1년간 정신건강 상담이 필요했으나 받지 못한 비율은 6.3%였고, 이유는 '비용 부담'(38.6%)이었다. 청년 자살률 1위를 줄이려면, 정신건강 상담 비용을 사회가 부담하는 것부터 시작해야 한다.

최근 1년간 번아웃(소진)을 경험한 청년은 32.2%였다. 이유는 진로 불안(39.1%), 업무 과중(18.4%), 일에 대한 회의감(15.6%), 일·삶의 불균형(11.6%) 순이었다. 고립·은둔 청년의 비율은 5.2%(임신·출산·장애 등 1.3% 제외)였고, 정치에 관심 있다고 답한 청년은 27.1%에 불과했다.

청년이 인식하는 갈등은 소득 갈등, 세대 갈등, 성별 갈등, 지역 갈등 순으로 나타났다. 청년이 바라는 삶의 요소(중복응답)는 원하는 일자리(95.9%), 좋은 인간관계(94.7%), 높은 소득과 많은 자산(93%), 연애(78.3%), 결혼(74.4%), 사회 기여(71.8%), 출산·양육(69.0%) 순이었다. 청년의 가장 큰 갈등 요인은 소득 갈등, 가장 원하는 것은 일자리로 결국 경제적 문제가 핵심임을 알 수 있다.

미혼 청년 중 결혼 계획이 있다고 응답한 비율은 63.1%(남 67.8%,

여 57.5%)였고, 자녀 출산 의향이 있다고 답한 비율은 59.3%(남 65.1%, 여 52.8%)였다. 스스로 만족스러운 삶을 살기 어려운 현실에서 결혼과 출산은 쉽지 않다.

고립·은둔 청년의 삶

청년 삶 실태조사의 후속 조치로 보건복지부는 「2023년 고립·은둔 청년 실태조사」를 실시했다. 고립·은둔 청년 비율은 2021년 기준 5%였으며, 이를 전체 청년 인구(1,000만 명)에 적용하면 약 54만 명에 해당한다.

'방에서도 나오지 않는다'라고 응답한 초고위험군 청년은 504명이었다. 이들은 대체로 경제수준이 중·하층이었으며, 본인을 하층으로 인식하는 비율은 75.7%, 가족 전체를 하층으로 인식하는 비율은 54.3%였다. 경제수준이 낮을수록 고립·은둔 비율이 높았다.

삶의 만족도와 정신건강 지수는 10점 만점에 평균 3.7점으로, 청년 평균(6.7점)의 절반 수준에 불과했다. 자살을 생각해본 적이 있다는 응답자는 무려 75.4%에 달했다. 고립·은둔 청년에 대한 특별 대책 마련이 시급하다.

고립·은둔 시작 연령은 60.5%가 20대였으나, 10대에 시작했다는 응답도 23.8%에 이르렀다. 주요 원인은 취업 실패(24.1%), 대인관계 문제(23.5%), 가족 문제(12.4%), 건강 문제(12.4%) 순으로 나타났다.

전체 응답자의 45.6%는 일상 복귀를 시도했으나 재고립·은둔을 경험했으며, 기간이 길수록 재고립 가능성도 높았다. 재고립 이유 1위는 '돈과 시간이 부족해서'였다. 교통비·식사비 등 외출 최소 비용조차 감당하기 어려웠다는 응답이 많았다.

응답자의 80% 이상은 현재 상태에서 벗어나고 싶다고 답했으며, 신체 건강이 좋지 않다는 응답은 56.1%, 정신 건강이 좋지 않다는 응답은 63.7%였다. 필요한 도움으로는 경제적 지원(88.7%), 취업 및 일 경험 지원(82.2%), 혼자 하는 활동 지원(81.7%), 일상 회복 지원(80.7%)이 꼽혔다.

청년들에게는 "가난해도, 취업하지 못해도, 실패해도 다시 일어설 수 있다"라는 믿음을 주는 사회 안정망이 절실하다.

"실패하면 그냥 포기해 버린다. 이걸 누구에게도 말할 수 없다. 말해도 어차피 내가 쓰레기가 된다. 그냥 혼자 감추고 있다가 조용히 사라질 것이다. 나도 조만간 그럴 것 같다. 마지막으로 기댈 곳 없으니 이거라도 적는다."

- 한 응답 청년의 낙서

행복감과 불행감

한국개발연구원은 2018년 '국민행복지표'를 개발·보고했다. 분석에 따르면, 20대부터 전 연령대에서 소득과 관련한 불행감이 가장 크게 나타났다. 취업 실패와 해고 등으로 재정적 어려움이 발생할 경우, 패자부활이 불가능한 사회 시스템에 대한 불신이 매우 큰 것으로 보인다.

(1) 행복감 관련 분석 결과

① 여성은 남성보다 전반적으로 행복감이 높다.

② 연령대별로는 30대가 가장 행복감을 많이 느끼고 60대 이상이 가장 낮았다.

③ 향후 5년 뒤 전망에서는 20~40대 여성은 희망적으로 보는 반면, 50대 남성과 60대 남녀는 부정적으로 전망했다.

④ 학력별로는 대학교 재학 이상이 중졸·고졸 이하보다 행복감이 높았으며, 과거보다 더 행복해졌다고 응답하는 비율과 5년 후 더 행복할 것이라는 전망도 더 높았다.

⑤ 환경 문제에 대해서는 반대로 학력이 높을수록 만족도가 낮았다.

⑥ 가구소득 상·중·하 집단 비교에서는 소득이 높을수록 현재 행복감

과 미래 행복 전망 모두 긍정적이었다.

⑦ 직업별로는 관리자·전문가, 학생, 주부가 행복감이 높았고, 무직자· 단순노무 종사자·서비스직·판매원은 낮았다. 학생 집단은 전체적으로 행복감이 높았으나 개인별 편차가 컸다.

'소득과 부', '취업'에서 응답자의 80%가 격차가 심각하다고 인식하며 '교육'. '주택·주거' 역시 격차를 느끼고 있다. 격차를 느낄수록 불행감도 커졌다.

행복감 분석에 따르면 소득과 학력이 높을수록 행복감이 커진다. 학력의 차이는 소득의 차이를 유발한다. 소득이 줄 수밖에 없는 60대 이상이 되면 행복감도 떨어지고 있음을 확인할 수 있다. 결국 대한국민이 행복감을 느끼기 위한 첫째 조건으로는 적정한 소득 보장이 필요하며 소득 격차를 해소가 필요하다.

행복한 대한국민

소득 불평등이 심할수록 삶의 만족도가 낮아지고, 동일한 소득 수준의 국가 간 비교에서도 행복도가 낮다(오이시 시게히 외, 2011). 행복은 개인의 노력만으로 달성하기 어렵다. 개인적 노력이 반드시 필요하지만, 사회적 지원 없이는 한계가 있다. 그렇기에 국민 행복 수준을 높이기 위한 정책이 필수적이다.

행복은 공동체, 사회적 자본, 사회·정치적 참여, 불평등, 환경 등 다양한 요인에 영향을 받는다. 특히 정치적 참여는 단순히 결과가 아니라 과정에 참여하면서 얻는 시민으로서의 자부심, 즉 '절차적 효용(Procedural Utility)'을 통해 행복감을 증진시킨다(Frey, 2004). 그러나 대한민국 청년 다수는 정치에 무관심하고, 기성세대에 대한 상대적 박탈감에서 분노를 느낀다. 두 가지 현상은 상호작용한다.

"근로소득은 자산소득을 결코 이길 수 없다"라는 말이 회자될 정도로 사회 이동성에 대한 불신은 크다. 따라서 정책은 취약계층의 소득 및 고용 상황 개선에 우선적인 관심을 두어야 하며, 중장기적으로는 사회 전반에 팽배한 시스템적 불안과 불신 해소를 위한 노력이 필요하다. 행복 증진이라는 목표 아래 삶의 불안 요인을 꾸준히 모니터링하고 해소 방안을 마련하는 것이 첫걸음이다.

불안 해소 정책은 사회에 대한 신뢰를 높이고, 정치 참여를 증대시킨다. 청년들의 정치적 관심이 높아지면 정책 방향도 청년 세대의 요구를 반영하는 쪽으로 빨라질 수 있다.

대체로 사민주의 북유럽 국가들의 행복지수가 높은 것은 지니계수가 낮아 불평등이 적은 것과 무관하지 않다. 사민주의(Social democracy)는 자본주의 체제를 무너뜨리지 않은 상태에서 사회정의를 추구하며, 자유민주주의와 자본주의 안에서 평등 실현·소득 재분배·복지 정책 등을 강화하는 이념이다. 유럽의 연구 결과에서도 불평등이 행복에 부정적으로 작용한다는 사실이 확인되었다.

또한 실업자들이 취업자보다 훨씬 덜 행복하다는 것은 명확하다. 그러나 관대한 실업 혜택이 주어지는 나라에서는 그렇지 않은 나라보다 행복 수준이 높게 나타났다(Di Tella et al., 2003). 즉, 실업 상태라 해도 사회안전망이 행복을 지킬 수 있다.

OECD 국가의 행복을 설명하는 주요 요인은 '안정된 삶'과 '소득 분배의 공평성'이다. 소득과 고용률이 안정적일수록 국민 건강과 사회 자본이 확충되고 삶의 만족도가 높다. 소득 분배가 공평하고 빈곤 가구가 적을수록 치안이 안정되고 성차별도 줄어든다. 캐나다는 경제성장을 이루었지만 불평등이 심화되면서 건강·복지에 악영향을 받았다. 아랍에미리트연방은 2016년 '행복부'를 신설했고, 영국은 '외로움 담당 장관'을 임명했다. 에콰도르·뉴질랜드도 행복을 전담하는 부처를 두고 있다.

‘행복한 대한국민’을 만들기 위해 ‘대한국민 행복 프로젝트’를 시작할 것을 제안한다. 국정 운영 전반에 ‘행복’을 목표로 삼을 것을 천명하는 것이다.

Part 2

해법

1
국민연금

국민연금 비상임이사와 기금운용위원으로 활동하던 시기, 박근혜 국정
농단 사건을 직접 겪었다. 대통령의 지시를 받은 보건복지부 장관과 기
금운용본부장이 의결권 행사에 부당한 영향력을 행사했고, 결국 연기
금 최고 책임자들이 나란히 구속되며 국민연금의 최대 흑역사로 기록
되었다.

당시 기금운용위원이었던 필자는 기금본부장에게 "어떠한 외부 압박이
오더라도 절차대로 진행해야 한다"라고 경고했다. 그러나 청와대의 압
박을 받은 본부장은 부하 직원에게 삼성물산과 제일모직 합병의 시너
지 효과 관련 자료를 조작하게 하고, 이를 투자위원회에 보고하도록 했
다. 결국 그는 기소되어 재판부로부터 업무상 배임죄를 적용받아 징역
2년 6개월을 선고받고 법정구속되었다.

가난한 노인

통계청이 발표한 '2023년 연금통계'에 따르면, 2023년 연금 수급자의 월평균 수급액은 69만 5,000원이다. 기초·국민·직역(공무원·군인·사학·별정우체국)·주택연금 등 11종의 공·사적 연금 데이터를 종합 분석한 결과다. 연금 수급자를 금액순으로 나열했을 때 중간값에 해당하는 '수급금액 중위수'는 46만 3,000원으로, 평균 수급액과 23만 2,000원 차이를 보였다. 이는 고액 수급자들이 평균을 끌어올렸을 뿐, 실제 대다수 노인의 연금 수급액은 평균보다 훨씬 적다는 의미다. 실제로 50만 원 이하 연금 수급자 비중이 54.9%로 절반을 넘었고, 100만 원 이하까지 확대하면 86%에 달한다.

2023년 기준 최저생계비는 1인 가구 124만 6,453원, 2인 가구 207만 3,693원이다. 연금 수급액으로 최저생계를 유지하기 어렵다. 현재 65세 이상 연금 수급자는 836만 6,000명이다.

경제활동과 연금 수급을 동시에 하는 고령층은 역대 최다였다. 은퇴 후에도 일하며 연금을 받는 노인은 267만 4,000명으로, 연금 수급자 3명 중 1명이 등록 취업자인 셈이다.

또한 은퇴 직후인 60~64세 구간에서는 절반 이상이 연금 소득을 전혀 받지 못하는 것으로 나타났다. 정년퇴직 후 연금 수급 개

시까지의 공백 동안 소득이 없는, 이른바 '소득 크레바스(소득 공백 기)' 현상이 확인된 것이다.

2070년 대한민국 인구 비율을 보면, 유소년 인구(0-14세) 100명 당 노인 인구는 620.6명으로 6배 이상 많다. 생산가능인구(15-64세) 100명당 노인 인구는 100.6명으로, 노인 인구가 오히려 더 많다. 급증하는 노인의 삶이 존엄하도록 하는 정책이 절실하다.

노인의 기준

19세기 후반, 영국이 공무원연금을 도입할 때는 기준이 달랐다. 공무원의 경우 65세, 초등학교 교사는 62세, 경찰은 연령이 아니라 근무경력 20년을 채우면 수급할 수 있도록 했다. 제2차 세계대전 이후 공적연금이 본격화되면서 연금 수급 연령은 65세로 정착했다. 즉, 65세라는 연령은 생물학적·의학적으로 노인을 증명한 기준이 아니라 사회적 합의의 산물이었다. 오늘날 우리가 말하는 노령 혹은 노후는 '나이가 많다', '노쇠하다'는 의미보다 '퇴직했다'는 의미가 더 강하다. 이렇게 65세가 퇴직 및 공적연금 수급 연령으로 굳어지면서 노인의 기준도 획일적으로 규정되었다.

그럼에도 불구하고 사회복지제도 개편 논의 과정에서는 단순히 "당신은 몇 세부터 노인이라고 생각합니까?"라는 질문을 던지고, 이를 근거로 "70세는 넘어야 노인이다"라는 주장이 나오기도 한다. 이제는 질문을 이렇게 바꿔야 한다.

"대한민국의 법적 정년은 60세이고, 국민연금 수급 연령은 경과 규정에 따라 출생연도별로 조금씩 다르지만, 최종적으로는 '노인 기준'인 65세부터 받을 수 있도록 정해져 있습니다. 당신은 몇 세부터 노인이라고 생각하십니까?"

국민연금

인간은 생물학적 존재로서 역사 전체에 걸쳐 세대 간 부양을 해왔다. 과거에는 개별 가족 단위로 부양이 이루어졌으나, 이제는 가족 단위 부양이 사실상 불가능한 사회가 되었다. 그 역할을 대신하는 사회 제도가 바로 국민연금이다. 2024년 3월 31일 기준 가입자는 2,204만 명이다.

국민연금제도는 1988년 처음 도입되었다. 도입 당시 가입자들은 소득대체율 70%로 시작해 1999년부터 60%로 하향 조정되었다. 이후 2007년 2차 연금개혁을 통해 2009년 50%로 낮아졌고, 매년 0.5%씩 줄어 2025년 41.5%, 2029년부터는 40%에 도달한다. 소득대체율이란 국민연금 가입자의 생애 전 기간 평균소득 대비 국민연금 수령액의 비중을 뜻한다. 가령 일할 때 평균소득이 300만 원이었는데 국민연금으로 120만 원을 받는다면 소득대체율은 40%가 된다. 이처럼 국민연금 도입 이후 소득대체율이 계속 낮아져서 국민연금 수급액이 노후 보장을 할 수 없게 되었다. 반면 1997년까지 보험료율은 3%에서 6%를 내다가, 1998년부터 9%를 납부하기 시작하면서 증가했다.

2025년 4월 2일 '국민연금법 개정안'이 공포되면서 제3차 연금

대한국민 행복 프로젝트

개혁이 실현되었다. 주요 내용은 ▲소득대체율 43% 상향 ▲보험료율 13% 인상 ▲지급보장 명문화 ▲크레딧 부분 확대 ▲지역가입자 지원 범위 확대 등이다. 이는 2007년 2차 개혁 이후 18년 만의 개혁이다.

이번 개정 전까지는 2025년 소득대체율이 41.5%에서 매년 0.5%씩 줄어 2028년 40%에 도달할 예정이었다. 그러나 개정으로 2026년부터 소득대체율이 43%로 즉시 상향된다. 보험료율은 기존 9%에서 13%까지 올리되, 2026년부터 0.5%p씩 8년간 단계적으로 인상해 2033년에는 13%에 도달하게 된다.

연금개혁 거버넌스

윤석열 정부 출범 이후인 2022년 7월, 국회는 연금개혁특별위원회를 출범시켰다. 2023년 10월, 보건복지부는 국회에 '국민연금종합운영계획'으로 보험료율·소득대체율·수급 개시 연령을 조합한 24가지 시나리오를 제시했다.

이후 2024년 1월, 연금개혁특별위원 산하에 공론화위원회를 설치하였다. 50명의 의제숙의단과 500명의 시민대표단으로 구성하였다. 국민연금보험료율을 13%(기존 9%) 인상하고 소득대체율도 50%(기존 40%) 인상하는 안을 선택했다. 연금개혁 공론화는 숙의민주주의의 이상을 구현하며, 연금개혁 과정에서 일반 시민이 참여한 최초의 시도였다.

시민대표단은 "공적 노후소득 보장을 위해 세대 간 연대에 기초한 사회 전체적 노력이 필요하다"라고 밝혔다. 이 과정은 풍부한 논의를 담고 있었다. 그러나 일부 언론과 전문가들은 공론화 과정을 폄훼하거나 시민대표단의 결론을 잘못된 정보에 기초한 이기적 결론처럼 왜곡하기도 했다.

국회에서 여야 합의는 무산되었다. 윤석열 정부는 세대별 인상과 가입자 수·기대여명에 따라 연금 인상액을 자동 조정하는 '자동조정장치(사실상 자동 삭감 장치)' 도입을 핵심으로 하는 개악안을 내놓았다. 이에 2025년 3월 14일, 더불어민주당은 정부·여당의 소득대체율 43% 안을 수용하되 자동조정장치 도입을 연기하는 조건으로 국회에서 합의 통과시켰다. 결과적으로 시민대표단이 제시한 '소득보장안'(소득대체율 50%)보다 낮은 43%로 결정되었다. 보험료는 동일하게 올랐지만, 소득대체율은 낮아진 것이다.

공론화위원회와 시민대표단을 운영한 것은 긍정적이었다. 중층적 시민참여 구조를 보장하고 숙의 과정을 거쳐 결론에 도달한 점은 긍정적이다. 시민대표단의 결정을 무시하고 정부와 국회의 정치적 입장에 따라 움직인 것은 한계지만 시민대표단의 결정이 근거가 되어 국민연금 개혁의 토대가 되었다.

시민참여단과 같은 <시민참여 거버넌스>를 행정 들러리로 세워서는 정책적 신뢰를 얻을 수 없다. 특별한 문제가 없다면 결과를 존중해야 한다. 정치권의 책임 있는 태도와 뒷받침할 법·제도 정비가 필요하다. 이러한 <시민참여 거버넌스>를 활성화한다면 사회적 난제도 시민의 집단 지성으로 합의점을 찾아갈 수 있을 것이다.

삼성물산과 제일모직 합병

2015년 박근혜 국정농단 사건 중 하나는 제일모직과 삼성물산의 부당한 합병이었다. 청와대와 보건복지부의 압력으로 국민연금이 합병에 찬성표를 던진 것이다.

대통령의 지시를 받은 보건복지부 장관과 기금운용본부장이 의결권 행사에 부당한 영향력을 행사했고, 결국 연기금 최고 책임자들이 나란히 구속되며 국민연금의 최대 흑역사로 기록되었다.

당시 기금운용위원이었던 필자는 기금본부장에게 "어떠한 외부 압박이 오더라도 절차대로 진행해야 한다"라고 경고했다. 그러나 청와대의 압박을 받은 본부장은 부하 직원에게 삼성물산과 제일모직 합병의 시너지 효과 관련 자료를 조작하게 하고, 이를 투자위원회에 보고하도록 했다.

결국 그는 기소되어 재판부로부터 업무상 배임죄를 적용받아 징역 2년 6개월을 선고받고 법정구속되었다.

당시 국민연금은 삼성물산 주식 11.21%를 보유하고 있었는데, 합병에 찬성함으로써 스스로 수천억 원의 손해를 입었다. 대한민국 정부는 삼성물산 주식을 보유했던 사모펀드들로부터 국제소송을 당해 수천억 원을 배상해야 하는 처지에 놓였다.

삼성그룹은 2015년 제일모직 주식 1주와 삼성물산 주식 3주를 교환하는 조건으로 합병을 추진했다. 검찰은 이 합병 비율 산정이 이재용 회장의 안정적인 경영권 승계를 위해 무리하게 이뤄져 주주들의 이익을 침해했다고 보고, 2020년 9월 이 회장과 경영진을 기소했다.

검찰은 이 회장에게 19개 혐의를 적용했다. 그러나 대법원은 "합병의 목적이 경영권 강화 및 승계라고 단정할 수 없다"라며 무죄를 선고하였다.

미국의 헤지펀드 메이슨(Mason)은 국민연금이 정부 지시와 압력에 따라 합병에 찬성표를 행사했다고 주장했다. 그리고 삼성물산 주가가 하락하고 자신들의 지분 가치가 훼손되었다고 보고 약 2억 달러 손해배상을 청구하며 2018년 국제상설중재재판소(PCA)에 제소했다. 최종적으로 한국 정부는 약 746억 원을 메이슨 측에 지급했다.

삼성물산 지분 약 7.12%를 보유하고 있었던 또 다른 헤지펀드 엘리엇 매니지먼트(Elliott Management)는 합병에 반대했다. 아울러 엘리엇은 합병 비율이 불공정하다며 가처분 신청 등 반대 활동을 벌였고, 이후 7억 7,000만 달러(약 1조 원) 손해배상을 청구했다. 국제상설중재재판소는 한국 정부의 패소를 판결했고, 약 1억 800만 달러(약 1,400억 원)를 배상하라는 결정을 내렸다.

결국 국민연금은 삼성물산 주식 보유로 수천억 원의 손해를 입었고, 정부는 메이슨과 엘리엇에 수천억 원의 배상금을 세금으로 지불했다. 그러나 이재용 회장은 무죄로 결론이 나 한 푼의 배상도 하지 않았다. 국민이 낸 연금과 세금만 소진된 것이다.

삼성물산과 제일모직 합병처럼 국민연금 기금 운용과 관련해 발생한 큰 사고는 대부분 대통령이나 정·재계 실세가 기금위원회에 부당한 압력을 행사하면서 벌어졌다. 기금운용위원회 정부 관료들은 외풍에 취약했다.

국민연금 기금운용위원회 위원은 21명이다. 당연직 위원으로는 위원장인 보건복지부 장관과 4명의 차관, 국민연금공단 이사장이 참여한다.

문제는 기금운용을 감독해야 할 보건복지부가 기금운용위원회를 직접 운영한다는 점이다. '셀프 감독'이라는 비판을 피하기 어렵다.

한국 정부는 과거에도 '공공자금관리기금법'을 근거로 연기금을 관리하면서 이를 공공사업에 활용한 뒤 정해진 이자만 보전하는 방식으로 운용해 왔다. 당시 기금운용위원장도 재정경제원 장관(현 기획재정부 장관)이 맡고 있었다. 이후 DJ 정부는 IMF의 지적에 따라 기금운용위원장을 보건복지부 장관으로 바꾸었다.

국민연금에 국고가 전혀 투입되지 않는 현실에서 기금운용의 통제 권한은 보험료를 납부하는 가입자 대표, 즉 국민에게 더 주어져야 한다. 만약 정부가 운용에 더 큰 영향력을 행사하려 한다면, 그에 앞서 국민연금에 대한 정부의 재정적 지원을 대폭 늘리는 것이 먼저다.

「국민연금공단 지속가능경영보고서(2024)」에 따르면, 김태현 이사장은 CEO 메시지에서 다음과 같이 밝혔다.

"기후변화, 저출생·고령화, 글로벌 경제의 불확실성 확대 등은 우리 사회의 지속가능성에 심각한 도전으로 다가오고 있습니다. 국민연금공단은 '국민 모두가 행복한 상생의 연금'을 만들기 위해 연금수급권 확대와 기금의 안정적 운용을 통해 지속가능성을 높여가고 있습니다.
또한 2021년부터는 ESG 경영 체계를 구축하여 친환경경영, 책임경영, 투명경영 활동을 전개하며 '자연과 사람이 함께 행복한 세상 만들기'에 앞장서고 있습니다."

2024년 말 기준 국민연금이 보유한 기금은 1,200조 원을 돌파했다. 이는 연간 정부 예산의 약 두 배에 달하는 엄청난 규모다. 국민연금 이사장의 메시지처럼 '자연과 사람이 행복한 세상'을 위해서는 국민연금이 노후의 든든한 버팀목이 되어야 한다.

그러나 명실상부 세계 3대 기금을 굴리는 '국민연금 기금운용위원회'는 사실상 정부가 직접 운용하는 것이나 다름없다. 이 때문에 국민이 만든 연기금을 정부 돈처럼 쓴다는 비판이 나오며, 운용의 독립성을 강화해야 한다는 목소리가 커지고 있다.

공적연금 강화를 위해 모인 노동시민사회 연대체인 공적연금강화국민행동(이하 '연금행동')은 2025년 6월 연금개혁 국민 공론화 집담회를 개최했다. 그 자리에서 나왔던 국민의 목소리를 일상적으로 크게 들을 수 있는 제도적 장치가 필요하다.

'연금개혁, 국민이 말한다' 집담회 요약

주최: 공적연금강화국민행동

일시: 2024년 2월 22일(목) 오전 10시

장소: 국회의원회관 제9간담회실

▶ 기금 고갈론처럼 국민연금을 개인 계정에 돈을 차곡차곡 쌓아두었다가 지급하는 것으로 오해하는 경우가 많다. 이는 그동안 전문가들 중심의 연금개혁 논의가 이루어져 왔기 때문이라는 지적이다. "언론의 호도와 일부 정치인·전문가들의 왜곡으로 국민연금에 대한 신뢰가 훼손되었고, 국민들은 알지 못한 채 밀실에서 논의가 진

행되고 있다"라는 비판이 제기되었다.

▶ "연금에 대해 청년들과 이야기를 나누었을 때, 생각보다 공적연금에 대한 신뢰가 없지는 않았다"라며 부양에 대한 의식과 이에 대한 해결 의지가 분명히 있는 청년들이 많다는 점이 강조되었다. 아이를 낳기 두렵고 꺼려지는 인구 고령화 상황이 매우 위협적이지만, 궁극적으로는 노후라는 사회적 위험에 대해 각자도생이 아니라 사회 공동체가 함께 대처해야 한다는 것이다.

▶ "제도의 원리나 복잡한 용어가 중요한 것이 아니다. 누구에게 이익이 되는가에 치중할 것이 아니라, 미래를 위하여 그리고 대한민국이 복지국가로 나아갈 수 있는지에 대해 논의해야 한다."

▶ 국민연금은 중소상공인에게 매우 중요한 '경제정책'이다. 대기업의 골목시장 침탈, 본부-가맹점 간 갈등 구조, 코로나19와 고금리·고물가로 인한 현실적 타격을 겪고 있는 중소상공인에게 소비 여력은 생존의 핵심이다. "60대 이상의 고령층이 소비 여력을 가져야 골목상권이 살아난다"라며 소득대체율을 높일 필요성이 제기되었다. 또한 연금 사각지대에 놓인 소상공인·자영업자들에 대한 보험료 지원이 필요하다는 의견도 나왔다.

▶ 배달 노동자·플랫폼 노동자의 입장에서도 국민연금은 반드시 필요하다. "일자리와 소득이 불안정한 시대에 최소한 사회보험만이라도 안정적이어야 버틸 수 있다. 이미 수수료 체계가 고도화되어 있는 만큼, 이를 활용해 보험료를 건당 징수할 수 있도록 하여 가입 확대를 도모해야 한다"라는 제안이 나왔다.

▶ "퇴직 이후에 뭐라도 할 수 있겠지라고 생각했는데, 현실은 그렇지 않았다. 국민연금 도입 초기에 사용자도 무관심했고 노동자들도 인식이 부족해 가입이 잘 이뤄지지 않았지만, 그 시기부터 꾸준히 납부한 사람들은 지금 많은 부러움을 사고 있다. 정치권은 노후대책세금 신설 등 책임 있는 조치를 통해 공적연금 확대를 반드시 추진해야 한다"라는 의견도 제시되었다.

▶ "출산 크레딧의 경우, 허들을 낮춰 8~9년 납입했더라도 아이를 낳았다면 바로 적용할 수 있도록 해야 한다. 법에서도 가사노동을 개인의 일로 치부하는데, 전업주부가 국민연금 가입 확대에 기여할 수 있도록 국가 책임을 강화해야 한다."

시민참여 연금개혁 거버넌스

연금행동은 "국민이 주인인 연금, 국민의 노후를 국가가 책임지는 연금개혁을 이행하라"라며, 21대 대통령직 인수위원회 역할을 하는 국정기획위원회에 다음과 같은 요구를 제시했다.

첫째, 보장성 강화를 통한 노인빈곤 완화를 위해 소득대체율 추가 인상과 실질 가입기간 연장 조치를 병행하라.

둘째, 사각지대 해소를 통한 국민연금 포괄성 강화를 위해 저소득자 보험료 지원을 확대하고, 플랫폼·원청기업 등 노무제공자를 사업장 가입자로 전환하라.

셋째, 청년세대 지원과 국가 책임 강화를 통한 제도 신뢰 및 형평성 제고를 위해 크레딧을 확대·신설하고 전액 국고로 사전 지원하라. 또한 청년 생애 최초 보험료 지원과 연금소득세를 활용한 청년층 보험료 지원을 시행하라.

넷째, 국민연금기금의 사회투자 강화를 통해 기금 공공성을 높일 수 있도록 복지 및 사회투자를 확대하고, 임팩트 투자를 통해 청년 창업을 지원하라.

다섯째, 국민연금기금 거버넌스를 민주화하고 재정계산제도를 개선하라.

여섯째, 국민연금 국고지원을 통한 국가 재정 책임 강화를 위해 국민연금공단 관리·운영비를 전액 국고에서 부담하고, 국민연금 크레딧을 전액 국가가 책임지며 사전 지원 방식으로 전환하라.

더불어 연금행동은 민주적 거버넌스 구조를 요구하고 있다. 2024년 3~4월 추진된 연금개혁 공론화는 숙의민주주의의 이상을 구현하기 위한 공론조사 방식으로 진행되었으며, 연금개혁 의사결정의 주체로 일반 시민이 자리매김한 최초의 시도였다.

이러한 경험을 토대로, 일반 시민 참여를 보장하는 <시민참여 연금개혁 거버넌스>로 개혁 방향을 정하길 바란다.

이 거버넌스는 정기적으로 인구사회학적 대표성을 고려하여 일반 시민을 무작위 추출 방식으로 선발한다. 즉 나이, 성별, 지역, 소득, 직업 등을 고려하여 구성한다. 시민들은 국민연금제도의 개혁 방향을 숙의하며, 회의는 생방송으로 공개해 일반 시민 참여를 확대한다. 근거에 기반한 토론을 통해 국민연금 관련 정보를 공유하고 과정에 참여하는 시민들은 연금 관련 역량이 강화된다.

삼성물산과 제일모직 합병 과정에서 국민연금은 수천억 원의 손해를 보았다. 이 사건은 국민연금이 외압에 취약할 경우 얼마나 큰 피해가 국민에게 돌아오는지를 보여준다. 선진국 중 가장 높은 노인이 빈곤에 시달리는 한국에서 국민연금은 존엄한 노후를 책임져야 한다. <시민참여 연금개혁 거버넌스>를 통해 국민연금 개혁 방향을 시민들이 결정하도록 제도화할 것을 제안한다.

2
국민 중심 의료개혁

윤석열 정부의 의대 정원 확대는 의정 갈등을 불러왔고 해를 넘겨 정권이 바뀐 후 마무리되었지만, 고통받은 환자와 국민은 의견을 낼 기회조차 없었다. 행복의 기본은 건강이다. 국민건강보험제도를 강화할지, 의료민영화로 갈지는 중요한 문제다. 정부는 의료민영화 정책을 추진하고 국민들이 막는 일이 반복되고 있다.

철의 여인으로 불렸던 영국 대처 정부는 철도 효율화를 위해 민영화하였다. 그러나 심각한 사고와 요금 인상, 정부 보조금 증가로 실패하고 재공영화하고 있다.

철도 노동조합 간부에게 "전문가 그룹과 일반 시민 그룹 중 철도 민영화를 반대하는 쪽은 어디일까?"라고 물으면 일반 시민들이 철도 민영화를 반대할 것이라고 답한다.

이런 일이 반복되는 이유는 무엇일까?

의료개혁에 국민은 없다

'의대 2,000명 증원' 정책에 반발해 집단 사직했던 전공의들이 1년 6개월 만에 원래 근무했던 병원의 동일 과목·연차로 복귀할 수 있는 길이 열렸다. 또한 입영 대상이었던 전공의도 수련에 복귀하면 입대를 연기할 수 있게 되었다. 보건복지부가 2025년 8월 7일 수련협의체를 열고 대한전공의협의회, 대한수련병원협의회 등과 이런 내용의 하반기 전공의 복귀 방안에 합의한 결과다.

이미 교육부는 2025년 7월 25일 '의대생 복귀 및 교육에 대한 정부 입장'을 발표해, 의대생이 2학기에 복귀할 수 있도록 각 대학의 학칙 변경을 허용하겠다고 밝혔다. 정부는 트리플링(24, 25, 26학번이 동시에 수업을 듣는 상황)을 피하기 위해 방학 중 추가 수업을 제공하는 등 수업 결손을 최소화하며 복귀 문을 열었다. 또한 8월 졸업 예정인 본과 3·4학년을 위해 보건복지부는 의사 국가고시(국시) 추가 실시를 검토하기로 했다. 이렇게 되면 급감했던 의사 신규 배출도 정상화될 것으로 보인다. 결과적으로 의대생은 큰 피해 없이 진급하고 국시 기회도 추가로 얻게 되어 특혜 논란이 불가피할 전망이다. 그러나 의정 갈등의 시작부터 마무리까지 일반 시민의 의견은 철저히 배제되었다.

대한국민 행복 프로젝트

의정 갈등 관리 비용으로 국민건강보험공단 재정에서 2조 9,874억 원이 지출되었다. 결국 국민만 피해를 본 셈이라는 비판이 높을 수밖에 없다. 환자단체는 2025년 8월 11일 성명을 통해 "정부와 국회는 전공의 복귀라는 단기 해법에 머물지 말고, 환자보호법과 필수의료공백방지법을 조속히 입법화해 환자의 생명을 정부 정책 반대 수단으로 사용하는 일이 없게 해야 한다"라고 요구했다.

2025년 8월 12일 개최된 의사인력 수급추계위원회 첫 회의에서는 중장기 인력 수급 추계 방안을 논의했다. 그러나 15명의 위원 중 대한의사협회·대한전공의협의회·대한의학회 등 보건의료 공급자 단체 추천 위원이 8명으로 과반을 차지했고, 학회·연구기관 추천 위원은 3명, 가입자 대표 위원은 단 4명에 불과했다. 국민을 중심에 둔 인력 수급 추계를 기대하기 어려운 구조이다. 의료개혁 방향을 국민이 주도할 수 있는 참여 구조가 필요하다.

기대수명과 건강수명

WHO 발표에 따르면, 2016년에 태어난 전 세계 어린이의 기대수명(0세 출생아가 앞으로 생존할 것으로 기대되는 평균 생존 연수)은 72세로, 2000년에 태어난 어린이(66.5세)보다 5.5년 늘었다. 그러나 고소득 국가와 저소득 국가 간 기대수명 차이는 18년에 달해 불평등이 심화되고 있다.

대한민국 보건의료 문제 중 하나는 기대수명과 건강수명 간 격차다. 건강수명은 기대수명에서 질병이나 부상으로 인한 유병기간을 뺀 수명이다. 대한민국은 소득수준 향상과 의료기술 발전으로 기대수명이 지속적으로 증가해 OECD 평균(2018년 기준 80.7세)을 웃돈다. 통계청 자료에 따르면 2022년 기대수명은 82.7세, 건강수명은 65.8세로 그 격차는 16.9년이다. 이는 16.9년 동안 치료와 요양이 필요함을 의미한다.

주관적 건강 상태를 보면, 15세 이상 인구 중 '건강하다'라고 응답한 비율은 2018년 기준 32.0%로 OECD 평균(67.9%)의 절반에도 미치지 못해 최하위 수준이었다.

대한민국 사망원인 1위는 암이다. 그러나 1030대의 사망원인 1위는 고의적 자해(자살)였으며, 4050대에서도 자살은 2위였다. 특히 노인 자살률은 매우 높아, 70대 이상 연령층 기준으로 OECD 회원국 중 자살률 1위를 기록했다. 70세 이상은 OECD 평균의 2.5배, 80세 이상은 무려 3배에 달했다. 대한민국 국민들은 기대수명과 건강수명 격차로 아픈 노인으로 살아야 한다. 또한 소득수준별·지역별 건강수명 격차도 존재하여 저소득층과 지역에서 사는 것으로 건강 차별을 경험한다.

2070년 노인 진료비

통계청 장래인구 추계(중위 기준)에 따르면 2070년 전체 인구는 3,718만 1,774명이고 이 중 75세 이상은 초고령 인구가 1,153만 925명으로 31.0%를 차지한다. 이를 2023년 기준 연령별 진료비로 단순 계산하면, 75세 이상 초고령 노인의 진료비가 전체 진료비의 56.2%를 차지해 국민건강보험 재정의 절반을 넘어설 것으로 예측된다. 국민건강보험료를 납부하는 생산가능인구는 줄고 노인진료비는 급증하는 저출산고령화 사회에 맞는 국민건강보험제도 개혁은 필수이다.

지역 차별

수도권 대학병원으로의 쏠림 현상은 갈수록 가속화하고 있다. 비효율적인 전달체계로 인해 상급종합병원부터 동네의원까지 무한 경쟁 구도가 형성되었다. 큰 병원을 찾는 이유는 '첨단'과 '선진' 과학기술이 더 발달해 있을 것이라는 기대 때문이다. 현대 의료는 MRI, CT, 초음파, 로봇, 혁신 항암제와 같은 기술 중심으로 흘러가고 있다. 이 과정에서 과거 진료의 핵심 요소였던 원활한 의사소통, 공감과 위로, 상담과 교육은 부차적인 것으로 취급하고 있다.

또한 의료 인력과 인프라 부족은 지역 간 의료·건강 격차를 악화시키고 있다. 치료가능 사망률(10만 명당, 2021년 기준)은 서울이 38.6명인데 비해 강원은 49.6명, 경남은 47.3명으로 높다. 인구 고령화와 지방 인구 감소 지역에서는 '의료시장'이 동시에 소멸하는 변화가 불가피하다.

수도권 집중을 완화하고 지역 차별을 해소하는 방안이 필요하다.

의료비 가계 부담

필자의 석사 학위 논문 연구에 따르면 요양병원에 입원했던 환자의 퇴원 사유 1순위가 사망이다. '병원'의 하나인 요양병원에 입원하지만 사망해야 퇴소한다는 뜻이다. 중소 급성기 병원에 3개월 이상 입원한 환자가 18%에 이를 정도로 장기 입원 비율도 높았다. 환자와 보호자는 노인장기등급에 따라 급성기 병원·요양병원·요양시설을 선택한다. 이른바 '사회적 입원'이 발생하는 것이다.

2023년 OECD 보건자료에 따르면 대한민국의 건강보험 보장률은 62%로, OECD 평균(76%)보다 14% 낮다. 특히 중요한 입원 치료의 경우, OECD 평균 보장률은 90%인데 한국은 68%에 불과하다. OECD국가의 경우 입원비로 100만 원이 나올 경우 본인이 10만 원을 낸다면, 대한민국은 30만 원 넘게 부담해야 한다는 뜻이다. 또한 한국의 건강보험 보장률은 간병비를 거의 포함하지 않는다. 이처럼 의료비에 대한 가계 부담이 크다.

『상품화된 의료에 돌봄은 없다』에서 김창엽은 의료(治療)와 요양(療養)에 공통으로 쓰이는 한자 '療'의 의미가 바로 '돌봄', 곧 '케어(Care)'라고 설명한다. 그러나 대한민국에서는 돌봄을 의료와 구분하여 개인이 해결할 영역으로 남아 있어 가계 부담을 가중하고 있다.

의료민영화 vs 공공성 강화

역대 정부는 의료산업 활성화를 명분으로 의료민영화를 추진해 왔다. 비영리 의료법인 산하 자회사 설립을 허용해 병원 부대사업(병원호텔, 건강검진센터, 의약품·의료기기 판매 등)을 확대하고, 제주도에서는 영리병원을 허용했으며(경제자유구역·제주특별법), 서비스산업 발전기본법을 추진하고, 바이오·헬스 산업 육성 차원에서 민간투자 활성화를 강조해 왔다.

그러나 의료는 기본적 권리이자 공공재적 성격이 강한 서비스다. 의료민영화는 이를 시장 논리에 맡기게 되며, 결과적으로 저소득층과 농어촌 지역 주민의 의료 접근성을 떨어뜨리고 부유층 중심의 '이중 의료체계'를 심화시킨다. "가난은 질병이다"라는 말처럼, 민영화는 사회적 약자에게 더 큰 건강 불평등을 안긴다.

의료민영화와 함께 자주 언급되는 것이 철도민영화다. 철도민영화는 수익성이 낮은 지방 노선을 축소·폐지해 지역 소멸을 가속화할 수 있다. 영국 사례처럼 선로 보수 소홀 등으로 대형 사고를 유발할 수 있으며, 철도 요금 인상도 불가피하다. 필수적 사회서비스를 시장 논리에 맡기면 사회적 약자가 소외되고 비용은 상승한다. 민영화는 효율화를 명분으로 내세우지만 실제로는 국민

부담을 키우며, 사회적 불평등과 계층·지역 격차를 확대한다.

문제는 이런 정책 결정이 늘 정부 주도로 이뤄지고, 노동조합과 시민들이 반대 투쟁을 벌여 겨우 뒤집는 방식으로 전개된다는 점이다. 철도와 의료처럼 시민들의 일상에 직결되는 사안을 공공성 강화로 갈 것인지, 민영화로 갈 것인지의 결정은 왜 시민들이 직접 하지 못하는가? 이제는 시민이 스스로 결정할 수 있는 구조로 바꿔야 한다. 그것이 바로 <시민참여 거버넌스>가 필요한 이유다.

시민참여 의료개혁 거버넌스

이재명 대통령은 의료인, 전문가, 환자, 시민단체 등이 모두 참여하는 '국민중심 의료개혁 공론화위원회'를 구성해 '진짜 의료개혁'을 추진하겠다고 공약했다. 돈이 없어도 충분한 치료를 받을 수 있고, 치료뿐 아니라 건강할 때 건강을 지킬 수 있는 예방이 가능한 사회, 즉 시민 중심 의료가 되는 것이 바로 '국민중심 의료개혁'의 방향이라 할 수 있다.

직종을 대표하여 참석하는 의료인들은 직종 이익 중심으로 개혁 방향을 요구할 것이고, 전문가와 시민단체 역시 자신들의 목표와 이해에 맞게 주장할 것이다. 결국 환자를 대변하는 시민들의 목소리는 가려질 수밖에 없다. 따라서 시민을 위한 진짜 의료개혁을 위해서는 <시민참여 의료개혁 거버넌스>를 시민으로 구성해야 한다. 연금개혁 거버넌스와 동일 방식으로, 정기적으로, 인구사회학적 대표성을 고려하여 일반 시민을 무작위 추출 방식으로 선발해 구성한다. 시민들은 의료개혁 방향을 숙의하며, 회의는 생방송으로 공개해 일반 시민 참여를 확대한다. 근거에 기반한 토론을 통해 시민들의 의료 관련 역량이 강화된다. 의료인, 전문가, 시민단체, 노동조합은 정보 제공자의 역할로 자리매김한다.

지역별 의료 부족 현황을가장 잘 아는 주체는 바로 지역 주민들이다. 그러나 지금까지 주민들이 직접 참여할 방법은 없었다. 대한민국에 만연한 전문가주의, 엘리트주의를 버려야 한다. 어떤 방향이 국민을 행복하게 하는 의료개혁인지 시민들이 가장 잘 알고 있으므로, 시민이 결정할 수 있도록 해야 한다.

행복한 대한국민 토론

의료개혁을 위한 거버넌스를 진행할 때, '행복한 대한국민'을 중심에 두고 토론하는 것을 상상해 보자.

- '한국 사회 현상을 진단하고 공감'하는 것. 예를 들면 대한국민이 불행한 이유 중 의료 분야의 문제는 무엇인가, 대한국민은 오래 사는데 왜 아픈 채로 살아야 하는가 등이다.
- 비극적 현상을 극복하여 '행복한 대한국민이 되기 위해 필요한 의료는 무엇인가?'
- '필요한 것(정책, 입법 등)을 정리하고, 무엇을 어떤 순서로 진행해야 하는가'라는 정책의 우선순위에 대해 공감대를 형성한다.

<시민참여 의료개혁 거버넌스>의 토론은 생방송으로 중계해 공론장으로 만들고, 거버넌스에 직접 참여하지 않은 시민들도 토론에 참여할 수 있도록 보장한다. 최대한 많은 시민이 토론에 참여할수록 그 자체가 시민 역량을 강화하는 과정이다.

그리고 국민건강보험제도 중심에 있는 국민건강보험공단과 건강보험심사평가원의 대표자부터 시민 대표로 바꿔야 한다. 국민

건강보험제도 핵심 의결기구인 보건복지부 건강보험정책심의위원회를 <시민참여 거버넌스> 방식으로 전환하여 운영할 것도 제기한다.

건강해야 행복하다.

3
경쟁교육과 입시 해방

아들은 늘 "심심하다"고 했지만, 동생을 바라지는 않았다. 어린이집과 양쪽 할머니 집을 전전하며 지친 유년 시절 때문이었다. 학습지와 조기 교육에 시달리며 초등 입학 전부터 공부를 강요받았고, 수능을 앞두고 는 "무엇을 공부하고 싶은지 모르겠다"라고 토로했다. 재수와 삼수를 거듭하며 우는 아이를 보며 "수능 하루에 인생이 좌우되는 사회"에 대 한 원망과 미안함이 컸다.

독일의 '보이텔스바흐 협약'은 정치적 강요를 막고, 논쟁을 보장하며, 행위 능력을 키우는 원칙으로 여전히 시행된다. 덴마크 교육은 학생 주 도성과 재도전 기회를 보장한다. 학생들은 개인별로 지속적으로 평가 되고 관찰되는데, 이는 학생 간 비교나 우위 평가가 목적이 아니라 학생 개인의 특화된 교육 및 진로 개발을 돕기 위함이다. 대한민국 역시 경쟁 상대가 아닌 평생 함께할 친구를 만나는 학교로 변화할 수 있을까?

독일 교육

독일은 국립대학 중심이며, 대부분의 전공에서 입학시험이 없다. 고등학교 졸업시험에 합격하면 원하는 대학에 입학할 수 있고, 여러 대학에 동시 지원도 가능하다. 공립대학은 등록금이 없으며(일부 지역 예외), 대학 입학이 상대적으로 쉬운 만큼 전공 변경도 흔하다. 단, 입학은 쉽지만 졸업은 어렵다. 중·고등학교에도 유급 제도가 존재한다.

아비투어(Abitur)는 독일의 일반 고등학교 졸업시험이자 대학 입학 자격시험이다. 13학년까지 교육을 이수한 뒤 아비투어 졸업시험에 합격해야 한다. 일부 인기 전공을 제외하면 전국 어느 대학에서든 원하는 전공을 선택할 수 있다.

안톤 숄츠의 『한국인들의 이상한 행복』에도 독일의 교육제도가 자세히 설명되어 있다. 아비투어는 고등학교 마지막 시기에 약 한 달간 치르는 시험이다. 네 과목(독일어, 수학, 외국어 두 과목 중 한 과목, 학생의 적성과 진로에 맞춰 선택한 두 과목 중 한 과목)을 치르는데, 세 과목은 논술시험, 한 과목은 구술시험으로 진행된다. 점수가 지나치게 낮으면 다시 시험을 치를 수도 있다.

학생은 고등학교 마지막 2년 동안 치를 시험 과목을 스스로 정한다. 흥미가 없거나 더 이상 공부하고 싶지 않은 과목은 시험을 치르지 않아도 된다. 모든 과목을 잘할 필요는 없으며, 기본 점수만 획득하면 되기 때문에 응시 학생 대부분이 합격한다. 시험에 통과한 학생들은 원하는 대학을 원하는 시기에 입학할 자유를 누린다. 졸업 후 곧바로 대학에 가지 않고, 몇 년간 하고 싶은 일을 하거나 세계 여행을 다녀온 뒤 원하는 때에 입학하는 것도 가능하다.

예외도 있다. 의대에 입학하려면 성적이 우수해야 한다. 성적이 조금 부족하더라도 꾸준히 봉사활동을 하며 의사가 되고 싶은 열정을 보여준다면 입학이 허용되기도 한다. 다만 졸업은 까다롭다. 대학은 사회생활에 필요한 지식과 기술을 익히는 곳이기 때문에 그 과정을 충실히 마친 학생만이 학위를 받을 수 있다.

독일 학생 평가

독일의 중고등학교 학생 평가는 아래와 같이 시행한다.

- 수학, 독일어, 외국어 등 핵심 과목은 정기적으로 시험을 본다. 평균 한 학기에 2~4회 시행되며, 시험은 비중이 큰 평가 요소다.
- 수업 중 발언, 토론 참여, 질문하기, 과제 수행 등 적극성을 평가한다. 독일에서는 '손 들고 말하기'가 매우 중요한 평가 항목이다.
- 주제 발표, 독서감상문, 조사보고서 등 과제 수행 능력도 포함된다.
- 포트폴리오 및 프로젝트 수업도 중요하다. 예를 들어 환경·윤리·정치 등 통합 교과에서는 팀 프로젝트나 조사 활동으로 성적을 평가한다.
- 기초 생활 습관 및 사회성. 초등학교에서는 정서, 협동성, 태도 등이 평가 요소로 반영된다.

평가는 절대평가 중심이며 정해진 인원수 비율에 따른 상대평가는 없다.

대학 입시는 정시 선발 중심이며 수시는 없다. 수능·논술·면접도 없고 오직 아비투어 성적만으로 지원한다. 경쟁이 심한 인기 전공에서는 'Numerus Clausus(NC)' 제도를 운영한다. NC는 특정 전공(특히 의학·심리학·약학·치의학 등)에 지원자가 많을 때 입학 정원을 제한하는 제도다. 직역하면 '제한된 숫자'라는 뜻으로, 성적 상위자 중심으로 선발한다. 예를 들어 의대의 경우 아비투어 평균 1.0~1.2(만점이 1.0)를 요구하기도 한다.

의대·치대·수의대 등 특수 전공은 다음과 같이 선발한다.

- 30%: 성적 우수자
- 10%: 특별전형(사회봉사, 군복무 등)
- 60%: 대학별 자체 기준(성적 + 동기서 + 면접 등)

보이텔스바흐 협약

독일 정치교육의 원칙인 독일의 '보이텔스바흐 협약'은 정치적 강요를 막고, 논쟁을 보장하며, 행위 능력을 키우는 원칙으로 여전히 시행한다. 제2차 세계대전 전범 국가였던 독일은 동·서독으로 분단되었고, 서독에서는 1976년 보수·진보 진영이 이념적 갈등을 해소하고 정치교육의 원칙을 합의했다. 그것이 바로 학교 정치교육 지침으로 자리 잡은 '보이텔스바흐 협약'이다.

이 협약은 ▲교사의 정치적 입장을 강요하지 못하도록 하는 '강제성 금지' ▲다양한 관점을 논쟁하는 '논쟁성 유지' ▲자신의 생각을 실천하는 '정치적 행위 능력 강화'라는 3대 원칙을 기반으로 한다. 독일 통일 이후에는 그 대상이 독일 국민 전체로 확대되었으며, 현재까지도 시행하고 있다.

대한민국에서 정치 얘기는 피해야 할 대화 주제이다. 대화는 사라지고 개별적으로 자신만의 SNS를 매개로 정치의식을 형성하며 양극단화하고 있다.

대한국민 행복 프로젝트

덴마크 교육

'모두를 위한 교육'이라는 기본 기치에서 알 수 있듯, 덴마크의 교육은 아동부터 대학까지 전부 무료다. 학생들은 개인별로 지속적으로 평가되고 관찰되는데, 이는 학생 간 비교나 우위 평가가 목적이 아니라 학생 개인의 특화된 교육 및 진로 개발을 돕기 위함이다. 객관성을 담보하도록 노력하며, 이러한 원칙은 대학 과정까지 공통적으로 적용된다.

덴마크 교육의 주요 특징은 다음과 같다.

- 학생 스스로 학습계획 전반을 주도하고 이를 적극적으로 지원한다.
- 평생교육 및 성인 재교육도 의무교육 수준으로 보장한다.
- 적극적 참여와 토론 위주의 수업을 진행한다.

교육자는 학생의 의견을 경청하고 이를 보완하거나 자신의 의견을 덧붙일 뿐, 학생의 의견을 최우선으로 존중한다. 수업 준비부터 토론 중심의 진행까지 학생이 주도하며, 학생 자율권이 상당히 높은 수준이다. 이를 통해 수동적·주입식 교육이 아닌, 민주주의·다원주의에 맞게 다양한 의견이 유도되고 학생들 간에 공유된다.

이 과정에서 개인 한 사람 한 사람의 의견이 소중함을 배우고, 교육자가 미처 생각하지 못했던 방식의 새로운 가치나 의견이 나오기도 한다. 어릴 때부터 참여형 문화에 익숙해짐으로써 민주주의적 시민으로 성장하는 토대를 마련하는 방식이라 할 수 있다. 교육자와 학생은 거의 평등한 관계로 서로를 존중하며, 이는 민주주의·분권형 교육 시스템의 일환으로 평가된다.

한국 청소년 행복

한국 청소년 행복지수 조사연구에 따르면, 남학생이 여학생보다 행복감 정도가 높았으며, 중학생이 고등학생보다 높았다. 고등학생만을 대상으로 계열별로 분석했을 때는 인문계 학생이 실업계 학생보다 행복감 정도가 높았다. 지역별로는 서울이 다른 지역보다, 도시 지역이 농촌 지역보다 상대적으로 높은 행복감을 보였으나 차이는 크지 않았다.

청소년의 행복감과 관련된 변수로는 생활 만족도, 학교생활 만족도, 학업 성취, 성격적 외향성, 친구 관계, 사교육 정도 등이 있다. 외향적인 청소년일수록 행복지수가 높고, 생활과 학교생활 만족도가 높을수록 행복지수도 높다. 또한 성적이 높을수록 행복지수는 올라간다. 청소년의 사회적 관계를 보여주는 매우 친한 친구 수, 부모와의 친밀감 정도가 높을수록 행복지수 역시 상승한다. 반면 사교육 정도와 행복지수는 유의미한 관계가 나타나지 않았다.

이 조사 결과는 청소년이 더 행복해지려면 성적으로 인한 스트레스를 줄이고, 친구·부모와의 관계에서 높은 친밀감을 유지하도록 돕는 것이 필요함을 시사한다.

아동·청소년 삶의 질

「아동·청소년 삶의 질 보고서(2022)」를 보면, 대한민국 아동·청소년의 삶의 질은 다음과 같이 나타난다.

- 중학생이 고등학생보다 자살 생각 비율과 자살 시도율이 더 높았다.
- 청소년의 스트레스 인지율은 증가했다. 신체 건강을 보면 비만율은 급격히 늘었고, 주관적으로 건강하다고 응답한 비율은 줄어 건강 수준이 낮아졌다. 여학생이 남학생보다 스트레스를 더 많이 받았으며, 중학생보다 고등학생의 스트레스 인지율이 더 높았다. 코로나19를 지나며 아동·청소년들의 건강이 악화되었음을 보여준다.
- 영양 결핍률은 코로나 팬데믹 시기에 급격히 상승했다.
- 아동·청소년의 평일 학습시간은 초등학생 5시간 9분, 중학생 7시간 10분, 고등학생 8시간 2분으로 나타났다. 이 중 75.5%는 사교육에 참여하고 있어 사교육 비율이 매우 높았다.
- 아동·청소년 중 평일 여가시간이 1시간 미만인 비율은 2021년 11.4%였고, 여가생활 만족도는 47.9%였다. 방과 후 활동은 '학원·과외'가 가장 많았고, 이어 '스마트폰 이용', '친구들과 놀기' 순이었다. 친구들과 노는 비율은 약 5%에 불과했다.

- 가정과 학교에서 자신의 인권이 존중받는다고 응답한 비율은 95% 이상이었으나, 사회와 사이버 공간에서 존중받는다고 느낀 비율은 각각 82.4%, 81.7%로 상대적으로 낮았다.
- 또래 폭력 피해 경험률은 코로나19로 외부활동이 제한되며 다소 줄었으나 아동학대 피해 경험률은 크게 증가했다.
- 스마트폰 과의존 위험률은 크게 증가했다.
- 아동·청소년이 일주일에 4회 이상 가족과 함께 저녁 식사하는 비율은 69.4%로, 약 2/3 수준이다. 조손가구 아동의 경우, 거의 매일 30분 이상 보호자 없이 지낸다는 비율이 15.2%에 달했다.
- 3~8세 아동이 일주일에 1회 이상 친구들과 노는 비율은 2018년 83.7%였다. 즉, 16.3%는 친구들과 일주일에 한 번도 놀지 못하고 있다는 의미다. 또래 관계의 중요성이 커지는 시기임에도, 주관적 만족도는 친구 관계보다 가족 관계에서 약간 더 높았다.

중학생이 자살 생각 비율과 시도율이 높다는 내용은 충격적이다. 청소년의 건강은 악화되고 영양 결핍률도 높다. 심지어 3~8세 아동의 16.3%는 친구들과 일주일에 한 번도 놀지 못하고 있다. 팬데믹을 거치며 아동·청소년들의 전반적인 삶의 만족도는 소폭 감소했고, 긍정 정서는 줄고 부정 정서는 늘어났다. 이는 팬데믹으로 인한 사회 변화가 아동·청소년 삶의 질에 부정적 영향을 미쳤음을 보여준다.

부모에게 자식은 특별하다. 그러나 자기 자식만 특별하다고 키우면 인생을 그르칠 수 있다.

'얀테의 법칙(Law of Jante)'은 노르딕 국가에 널리 알려진 일종의 행동 지침으로, 평범함에서 벗어나려는 행동이나 개인적으로 야심을 품는 행동을 부적절하게 묘사한다. 덴마크계 노르웨이인 작가 악셀 산데모세(Aksel Sandemose)가 풍자소설 『도망자』(1933)에서 처음 소개한 개념이다. "당신이 특별하다고 생각하지 마라"라는 이 법칙은 높은 평등 의식과 만족스러운 삶의 방식으로 이어진다고 평가한다.

반면 대한민국은 '내 자식은 특별하다'라는 믿음 아래 부모의 재력을 최대치로 아이 교육비에 쏟아붓는다. 그러나 모두가 특별한 것이 아니라 다르고 평범하다. 내 자식을 특별하게 키울 수 있다는 과욕을 버리고 행복한 사람으로 성장하도록 돕는 것이 바람직하다.

이재명 정부는 '성숙한 시민참여국가'를 목표로 국가교육 정책에 관한 (가칭)국민참여배심위원회를 구성해 운영할 계획이다. 필자는 이 계획의 성공을 위해 그 구성을 <시민참여 거버넌스> 방식으로 제안한다.

　정부가 구성하는 위원회는 대부분 교육 전문가라 불리는 교수, 교사, 학부모, 학생, 정부 부처 담당자 등이 포함된다. 그러나 이런 구성은 지금껏 실패했던 교육정책을 되풀이할 가능성이 크다. 구성을 완전히 바꾸어야 진짜 교육개혁이 가능하다. 오직 일반 시민들로만 구성하여 이해관계 없이 '학생들이 행복한 교육제도'로 나아가기 위한 논의를 해야 한다.

　교육의 특성을 고려하여 초·중·고·대학생 등 학생들의 의사를 충분히 대표할 수 있는 방식을 보완하고, 인구사회학적 대표성을 반영한 무작위 추출 방식으로 <시민참여 교육개혁 거버넌스>를 구성하여 운영한다.

　한국 사회에서 중요한 결정을 내릴 때 많은 이들이 '혈연·지연·학연 등 연고가 작용한다', '외부 압력이나 백이 영향을 미친다', '결정자의 편견과 감정이 작용한다'라고 느낀다. 이런 이유로 대학 입시에서는 오직 시험만이 공정하다며 수능 하나로 입시를 결정한다.

　그러나 한국장학재단의 '2021년도 국가장학금 신청 현황'에 따르면, 서울대·고려대·연세대에서 국가장학금을 신청한 학생의 절반은 소득 분위 9·10분위 고소득층이었다. 특히 서울대의 경우, 신청 학생 중 52.6%가 9·10분위에 속했다(김회재 더불어민주당 의원 자료). 부모의 재력이 시험이라는 불공정한 룰과 결합해 교육을 통해 대물림하고 있다.

덴마크 교육처럼 학생 스스로 학습계획 전반을 주도하고, 학교는 이를 적극 지원하는 방향으로 대한민국 교육제도를 바꿔야 한다. 평생교육 및 성인 재교육도 의무교육 수준으로 보장하고, 적극적 참여와 토론 위주의 수업으로 전환해야 한다.

독일의 보이텔스바흐 협약에서 제시한 방법처럼 옳다고 강제하지 않고 스스로 판단하는 세계시민을 양성하는 학교로 전환해야 한다. 학교 서열화 시험과 대학 입시 제도를 중단하고, 독일식 대안적 입시 제도를 도입한다.

이러한 교육제도는 꿈이 아니다. 그러나 정부가 홀로 추진하기에는 한계에 부딪힐 수 있다. 대한민국에서는 의대 정원 조정에 따른 의정갈등보다 대학입시제도 변경에 따른 학부모의 저항이 훨씬 더 핵폭탄 수준이기 때문이다. 따라서 반드시 많은 시민이 참여해 스스로 결정하도록 해야 한다.

학교는 경쟁의 장이 아니라 평생 친구를 만나는 행복한 공간으로 바뀌어야 한다. 할 수 있다!

4

행복한 노동사회

AI와 로봇이 인간의 일자리를 대체하는 것은 피할 수 없다. 1811~1817년 영국에서 일어난 러다이트 운동(Luddite Movement)처럼 기계 파괴로 막을 수 있는 문제가 아니다. 기술 발전으로 AI와 로봇의 생산성이 인간보다 높아진다면, 이를 거부하기는 어렵다. AI 로봇이 늘어날 때 노동자가 일자리를 잃을 것인지, 노동시간을 나눌 것인지는 인간의 선택이다. 경제적 부를 소수가 독점할지, 사회가 나눌지도 마찬가지다. 결국 인간이 문제다.

산업재해 일등 국가인 대한민국의 산업재해 사망사고는 인구 10만 명당 3.9명으로, OECD 평균(2.9명)을 크게 웃돈다. 산업재해 감축을 위해 2022년 시행된 '중대재해처벌법'에도 불구하고 산재는 감소되지 않았다.

이재명 정부는 반복되는 산업재해 사망사고 기업에 대해 강력한 조치를 취하고 있다. 취임 이후 첫 현장 방문지로 SPC삼립 시화공장을 택했는데, 이곳은 5월 50대 여성 노동자가 컨베이어에 끼어 숨지는 사고가 발생해 불매운동이 확산한 바 있다. 대통령은 현장에서 열린 '중대산업재해 발생 사업장 간담회'에서 "돈 때문에 생명과 안전을 희생하는 구조는 반드시 바꿔야 한다"라고 강하게 지적했다. 이후 2022년부터 세 건의 사망사고에도 꿈쩍 않던 SPC가, 8월부터 10월까지 8시간 초과 야근 제도를 폐지하고 주간 근무시간을 줄이는 등 근로환경 개선책을 내놓았다.

포스코이앤씨에서도 중대재해가 잇따라 발생했다. 대통령은 작업자 사망사고가 발생한 지 불과 일주일 만에 또 다른 사고가 발생하자 건설 면허 취소와 공공 입찰 금지 등 가능한 한 모든 법적 방안을 검토하라고 지시했다. 결국 정희민 포스코이앤씨 사장이

연이은 사고에 책임을 지고 5일 만에 사의를 표명했다.

　고용노동부 통계에 따르면 최근 3년간 산재 사망자는 매년 2,000명대를 유지했고, 같은 기간 산업재해자 수는 2022년 13만여 명에서 2024년 14만 2,000명으로 오히려 늘었다. '중대재해처벌법' 제정 당시 사고 예방보다는 사후 처벌에 방점이 찍히다 보니, 대응의 초점이 '법적 리스크 관리'에 쏠린 탓이다. 노동부는 이에 따라 사고 발생 후 발동되던 작업중지 조치를 예방 단계까지 넓히는 방안을 마련 중이다. 기재부는 '2025년도 공공기관평가편람 수정안'을 통해 공공기관 경영평가 기준에서 '안전·재난관리' 항목의 배점 상향을 검토하고 있다. 또한 산업안전 감독인력 300명을 신속히 증원하고, 추가 1,000명 증원도 검토하고 있다.

　정부의 고강도 대책이 이어지자 경영계는 과도한 규제라며 반발했다. '위험 우려' 판단이 주관적일 수 있어 불필요한 작업 중단으로 생산 차질과 납기 지연이 불가피하다는 것이다. 특히 건설업의 경우 한 공정 중단이 전체 공정을 연쇄적으로 지연시킬 수 있다는 우려도 제기한다. 또한 노조가 쟁의 수단으로 악용할 가능성도 배제하기 어렵다는 입장이다.

　반면 노동자들은 정부의 산재 예방 대책을 환영했다. 그리고 노동자를 보호의 객체가 아니라 예방의 주체로 전환해야 한다고 주장한다.

노동조합법 개정

2025년 8월, '노동조합 및 노동관계조정법' 2·3조 개정안, 일명 '노란봉투법'이 국회 본회의를 통과했다.

2014년 법원이 쌍용차 파업에 참여한 노동자들에게 47억 원의 손해배상 청구 판결을 내리자 한 시민이 '노란색 봉투'에 성금을 전달했고, 이것이 '노란봉투 캠페인'으로 확산되어 약 15억 원이 모금되었다. 과거 월급봉투 색이 노란색이었던 데서 착안한 '노란봉투'는 손배가압류로 고통받는 노동자들이 예전처럼 월급을 받아 평범한 일상을 되찾기를 바라는 마음이 담겼다.

10년 만에 통과된 개정안의 내용은 다음과 같다.

- 노동법 상 사용자의 범위를 '근로계약 당사자가 아니더라도 근로조건을 실질적으로 지배·결정할 수 있는 경우'로 확대
- 노조·노동자에 대한 손해배상 청구 제한 범위를 '단체교섭 또는 쟁의행위로 인한 손해'에 더해 '노동조합 활동'까지 확대
- 노조에서의 지위와 역할, 쟁의행위 참여 정도에 따라 책임 비율을 달리해 일률적 손해배상 책임을 지우지 못하도록 규정

대한국민 행복 프로젝트

노동계는 "숭고한 희생이 만든 역사적 결실"이라며, "헌법이 보장하는 노동3권 사각지대에 놓였던 특수고용·하청·플랫폼 노동자들이 진짜 사장을 상대로 노조할 권리를 대폭 확대했다"라고 환영했다. 반면 경제 6단체는 사용자 범위와 노동쟁의 개념 확대, 불법 쟁의에 대한 손배 책임 제한 등을 이유로 반대 입장을 밝혔다.

노동법 개정 과정에서 노동자와 경영자 측은 각자 주장을 할 뿐 토론이 진행되지 않았다. 물론 노동법에 대해 국민들이 직접 토론할 기회도 없었다. 언론은 극단적 요구만 보도했고, 노동법 개정 방향은 정권 성격에 따라 판가름 났다. 노동이 행복한 사회가 되려면 노동 의제를 국민이 직접 알고 토론할 기회를 보장해야 한다. 이것이 정권 변화에 휘둘리지 않는 노동정책으로 가는 길이다.

상법 개정

상법 개정안도 통과되었다. 이는 주식시장 '코리아 디스카운트'의 원인으로 지적된 이사회 독립성 부족, 대주주 이해 우선, 소액주주 권리 보호 미흡 등의 문제를 해소하기 위함이다.

주요 내용은 다음과 같다.

- 이사의 충실 의무 범위를 '회사'에서 '주주 전체'로 확대
- 대규모 상장회사는 집중투표제를 의무 도입
- 감사위원은 최소 2명 이상을 다른 이사와 분리해 선출

이 개정으로 이사는 대주주의 이익만 대변하기 어렵게 되었고, 노동자를 포함한 모든 이해관계자에게 영향을 주는 경영 의사 결정이 보다 신중하고 책임 있게 이뤄질 가능성이 열렸다. 재벌·대주주 중심의 기업 거버넌스에 작은 변화가 시작된 것이다.

소액주주와 노동자 주주가 이사회에 더 쉽게 참여할 수 있고, 경영진과 대주주의 독단적 의사결정을 막는 효과를 기대한다. 이는 기업 운영의 투명성을 높이고 장기적으로 고용 안정과 노동 조건 개선에도 긍정적 영향을 줄 수 있다. 일반 주식투자자들은 환

영했지만, 대주주들은 경영 안정성을 해칠 수 있다며 우려했다.

노동법 개정 과정과 마찬가지로 상법 개정 과정에도 진지한 대화는 없었다. 각자의 주장만 있었고, 정권의 입장에 따라 법 개정 방향이 결정됐다. 이로 인해 의견이 다른 상대방에 대한 불만만 커졌다. 신뢰할 수 있는 공론장을 만들고, 그 안에서 서로의 주장을 설명하며 경청하는 노력이 쌓여야 사회 신뢰가 높아진다. 주요 결정 이전에 공론장에서 토론을 필수로 하는 제도 도입이 필요하다.

기후위기와 산업전환

기후위기 극복을 위한 탈탄소 이행을 위해서는 최대 온실가스 배출원인 석탄화력발전소의 감축이 불가피하다. 석탄화력발전소는 단순히 전기만 생산하는 시설이 아니다. 일자리를 만들고 지역경제를 먹여 살린다. 에너지 전환 과정에서 발생하는 실업, 지역 경제 침체 등은 간과할 수 있는 문제가 아니다.

2027년 삼천포 3·4호기, 2028년 5호기, 2029년 6호기를 폐쇄한다. 이처럼 경남 지역의 화력발전소 폐쇄가 임박한 가운데 경남기후위기비상행동 조사에 의하면 고성 삼천포화력발전소와 하동화력발전소에 근무하는 비정규직 노동자 10명 중 9명이 고용 불안을 호소하고 있는 것으로 나타났다.

한국노동연구원 분석에 따르면 석탄화력발전소의 폐쇄로 인해 2030년에는 2019년 대비 1만 6,000명의 고용이 감소할 것으로 보인다.

충청도 당진·보령·태안에서만 5조 5,000억 원의 피해와 함께 지역 격차가 심화할 것을 우려하고 있다.

공공부문이 재생에너지 발전에 소극적일 경우, 머지않아 에너지 산업 민영화가 진행될 것이라는 우려도 있다.

노동자들은 기후위기 대응을 위한 전환 과정에서 누군가의 희생을 전제로 해서는 안 되며, 일자리 상실이 없어야 한다고 주장한다. 민주노총의 노동자 인식조사 결과, 기후위기와 산업전환으로 인한 피해 집단으로 비정규직, 하청·협력업체를 꼽았고, 노동자들은 '기후 일자리 확대 등을 국가가 책임지고, 고용의 질 저하없이 일자리를 보장할 것'을 가장 강하게 요구했다. 그러나 기후정책의 주체로서 노동조합의 역할은 낮게 평가하는 양면성이 드러났다.

충남 태안군과 경남 창원시에서 동시에 열린 '정의로운 전환 2025 공동행동'은 결의문을 통해 이렇게 밝혔다.

"우리의 삶과 미래를 위해 지금 당장 정의로운 전환이 필요하다. 석탄화력발전소 폐쇄는 반드시 필요하며, 빠른 재생에너지 전환이 뒤따라야 한다. 재생에너지 전환은 노동자의 생존과 지역사회의 보전과 하나여야 한다."

2025년 8월, 발전소 비정규직 노동자들이 사상 첫 공동파업에 돌입했다. 요구는 석탄화력발전소 폐쇄에 따른 총고용 보장이었다. 태안 1호기(2025년 12월), 하동 1호기(2026년 6월) 폐쇄를 시작으로 2038년까지 61기 중 37기가 문을 닫게 된다. 노동자들은 일자리 상실 위험에도 불구하고 기후위기 대응을 위해 폐쇄에 동의했다.

"발전소 폐쇄가 곧 발전노동자의 삶의 폐쇄가 되어서는 안 되며, 고용이 보장되는 정의로운 전환이 되어야 한다"라는 간절한 목소리에 사회는 응답해야 한다.

AI와 노동

아래 내용은 『노동의 미래, ESG』(김경자 외 공저)에서 필자의 글 중 일부를 인용한 것이다.

생산 공장에서는 로봇들이 작업을 하고 노동자 한 명이 이를 모니터링한다. 로봇은 구입비와 에너지 충전 비용 외에는 추가 비용이 들지 않는다. 임금도, 휴가도, 4대보험도 필요 없다. 산재 위험도 없으며, 노조를 결성하거나 단체행동을 하지도 않는다. 노동자와 노조는 로봇 도입을 최소화하려 노력하며, 도장 공정 등 인체에 해로운 작업이나 무거운 물건을 옮기는 일에만 로봇 사용을 허용하려 한다. 그러나 생산 공정에서 로봇의 비중은 점점 확대되고 있다.

서울 강남 테헤란로에서는 '배달의민족'이 개발한 배달로봇 '딜리'가 자율주행으로 인도와 횡단보도를 건너 음식을 배달하는 시범 사업을 진행하고 있다. 로봇은 도로교통법을 지켜야 하고, 위반 시 사업자에게 범칙금이 부과된다. 사람들은 "어머! 이제 로봇이 배달도 하네?"라며 놀라워한다.

사진은 서울시가 자체 기술로 제작한 국내 최초의 '운전석 없는 자율주행셔틀'이다. 청계천 청계광장에서 광장시장을 거쳐 다시

서울시 '운전석 없는 자율주행셔틀'

청계광장으로 돌아오는 4.8km 구간을 순환 운행한다. 평일 오전 10시부터 오후 5시까지 운행하고, 토요일·공휴일은 청계천로 차 없는 거리 운영으로 운행하지 않는다. 요금은 당분간 무료로, 교통 카드를 태그하면 된다. 이 과정에서 기존 셔틀버스 운전사의 일자 리는 사라졌다.

AI와 로봇이 인간의 일자리를 대체하는 것은 피할 수 없다. 1811~1817년 영국에서 일어난 러다이트 운동(Luddite Movement)처럼 기계 파괴로 막을 수 있는 문제가 아니다. 기술 발전으로 AI와 로 봇의 생산성이 인간보다 높아진다면, 이를 거부하기는 어렵다. 실 제로 AI 발전을 이끈 빅테크 기업들조차 AI로 인한 대규모 인력 감축을 단행했고, AI를 개발한 프로그래머들이 자신이 만든 기술 로 인해 해고되는 상황이 벌어지고 있다.

생성형 AI와 노동의 미래

생성형 AI를 이용하는 사람들이 늘어나고 있다. 챗GPT를 비롯한 생성형 AI는 저렴하면서도 훌륭한 비서 역할을 한다. 무엇이든 거침없이 답한다. 질문에 답하는 것에 그치지 않고 추가로 필요한 것까지 제안한다. 비용 대비 효율성이 최고 수준이다. 생성형 AI의 능력이 높아질수록 이에 대한 두려움도 커지고 있다. 두려움의 핵심은 바로 실업의 공포다. 전문가들은 생성형 AI로 대체될 직업과 유망 직종을 예측하며, 그에 맞는 사교육을 부추기고 있다. 코딩 교육 열풍도 그중 하나다.

2018년부터 초등학교에서는 소프트웨어 교육이 필수화되었고, 초등학교 5~6학년은 연간 17시간의 코딩 교육을 의무적으로 받게 되었다. 하지만 정규 교육과정만으로는 충분하지 않다는 인식이 확산되면서 코딩 사교육 수요가 급증했다. 인공지능이 이미 인간 개발자만큼 프로그래밍을 잘하기 때문에 학생들이 코딩을 배울 필요가 없다는 주장도 제기된다. 코딩 교육이 양질의 일자리를 보장할지 혹은 생성형 AI가 어떤 직업을 사라지게 할지는 누구도 확언할 수 없다.

생성형 AI는 정보 제공, 의견 제시, PPT 제작을 넘어 그림 그리기, 글짓기 같은 예술 활동까지 가능하다. 인간의 감정에 반응하며 쉼 없이 넋두리를 들어주고 위로를 건네기도 한다. 밤과 낮의 구분도 없다. 이러한 변화는 단순히 노동의 미래에 대한 우려를 넘어, 감정을 교류하는 AI와의 관계 속에서 인간 정체성 자체에 대한 의문으로 이어지고 있다.

오픈AI의 샘 올트먼 CEO 해임과 복귀 사건은 시사하는 바가 크다. 2023년 11월 17일 이사회에서 해임된 올트먼은 불과 5일 만에 복귀했다. 이를 두고 세간에서는 "The Money Always Wins(언제나 돈이 이긴다)"라는 평가가 나왔다.

해임 사태 직전인 11월 14일, 일부 오픈AI 연구원들은 경영진에게 "AI 개발 속도가 너무 빠르다"라는 경고 서한을 보냈다. 이 과정에서 'Q(큐스타)' 프로젝트의 존재가 알려졌다. 큐스타는 이전 AI 모델로는 풀 수 없었던 수학 문제를 해결하는 데 성공한 모델로, 올트먼 해임 전 시연이 이뤄졌으며 일부 연구자들은 이에 대해 강한 우려를 표명했다. 이 모델은 아직 외부에 공개되지 않았다.

해임의 진실은 명확히 밝혀지지 않았으나, 대체로 AI 발전 속도가 인간의 통제를 벗어날 수 있다는 우려가 컸던 이사진이 올트먼을 해임했으나 실패했다는 해석이 지배적이다. 오픈AI는 애초에 "AI 위협으로부터 인류를 보호한다"라는 비영리 목적의 기구였으나, 점차 영리 추구로 기울면서 AI 발전 속도를 가속화했고, 이는 인류에 대한 위협 가능성으로 이어졌다.

오픈AI 수석과학자 일리야 수츠케버는 이렇게 말했다.

"앞으로 5년, 10년 뒤 세상이 어떤 모습일 것 같으세요? 인류보다 훨씬 더 똑똑한 AI가 무엇을 하려고 할까요? 우리는 이 지적인 컴퓨터들이 인류에게 우호적이고 긍정적인 감정을 갖기를 바라야 합니다."

과학자들은 AI의 놀라운 학습 능력이 인류가 파국을 자각하기도 전에 위기를 불러올 수 있다고 경고한다. 이는 단순히 일자리를 빼앗는 문제가 아니라, 영화 『터미네이터』에서 보여준 것처럼 로봇이 지배하는 파괴된 미래로 이어질 수 있다는 불안감을 증폭시킨다.

권재원은 『인공지능 시대 사람에게 무엇을 가르쳐야 할까?』에서 이렇게 말한다.

"교육은 학생들이 문제 상황을 해결하도록 준비시키는 것이다. 그러나 인공지능 시대는 미래를 예측하거나 미리 준비하기 어렵다는 것 자체가 문제 상황이다. 학생들은 '미지의 상황'에 던져지더라도 정신을 잃지 않고 문제를 발견하며, 이를 해결하기 위해 무엇이 필요한지 알아내고, 학습과 작업을 조직해내고, 함께할 동료를 모아 협력하는 포괄적 능력을 갖추어야 한다."

최첨단 생성형 AI시대를 위해 필요한 것은 역설적으로 인간다움이다. 남겨진 일자리를 차지하려는 다툼은 오답이다. 인간을 경쟁 대상이 아니라 함께할 동료로 인식해야 한다. 문제를 함께 해결하는 협력의 길을 찾아야 한다.

대한국민 행복 프로젝트

정의로운 전환

ILO의 '정의로운 전환 지침'은 저탄소 사회로의 전환이 공정하고 정의로워야 하며, 경제적 변화가 사회적 불평등을 심화시키지 않고 오히려 양질의 일자리를 창출하며, 누구도 뒤처지지 않도록 하는 데 목적이 있다. 한국의 '탄소중립기본법'도 같은 취지를 담고 있다.

정부와 지방자치단체는 '기후위기 대응을 위한 탄소중립·녹색 성장 기본법'과 관련 조례를 제정해, 탄소중립 사회로 이행하는 과정에서 피해를 입는 노동자·농민·중소상공인을 보호하고, 그 부담을 사회적으로 분담하며 취약계층 피해를 최소화하는 것을 정책 방향으로 삼고 있다(제2조 제13호).

폭염 대응과 관련해 기획재정부는 공공계약 업무처리지침을 시달했다. 폭염으로 작업이 어렵다고 판단되면 발주기관이 공사를 일시 중지할 수 있으며, 이 기간은 계약기간 연장과 계약금액 증액을 통해 보전한다. 폭염으로 공사가 지연되더라도 지체상금을 부과하지 않도록 했다.

자동차 산업은 대표적인 전환 사례다. 전동화와 디지털화가 빠르게 확산되며, 기존 완성차 업체와 다단계 하청 구조가 흔들리고 있다. 이런 산업 구조 변화에 따라 이해관계자 간 협의와 조율이 필수적이다(온명근, 2022).

독일은 디지털 전환과 탈탄소화를 위해 기업 구조 재편, 직무향상 교육, 재취업·전직 교육을 중심으로 한 맞춤형 노동 전환 정책을 추진했다. 지역 차원에서는 지속가능한 발전 원칙에 따라 경제 구조 재편과 산업 활성화를 진행했으며, 부품업체까지 포함한 다층적 파트너십을 구축했다(이상호). 폭스바겐, 벤츠와 BMW 등 글로벌 완성차업체들은 물론, 자동차산업 지역클러스터의 중추 역할을 하는 주요 부품업체들도 공정한 노동전환의 대표적 사례이다.

정의로운 전환을 위한 국가 차원의 세밀한 계획과 지역·전국 단위의 중층적 거버넌스 구축이 필요하다. 기업은 경영정보를 투명하게 공개하고, 사업 재편 시 노동조합과 사전 협의를 제도화해야 한다. 지역 차원에서는 산단 단위 노·사·지자체·주민이 협의체를 구성해 피해를 최소화하고 지역경제 활성화 방안을 모색해야 한다.

덴마크 노동개혁

덴마크인들은 경제적으로 충분히 자립할 수 있는 상황에서도 현재의 일을 계속하겠다고 답한다. 이는 자신의 일에 대한 만족도가 높음을 보여준다. 실업자가 되면 절망적인 상황을 맞는 대한민국과 달리, 덴마크는 노동시장의 순환도가 높고 재교육·재취업이 활발하다. 또한 실업자 보험과 연금, 실업수당, 실업자별 맞춤형 재교육 무료 지원, 구직활동 지원이 매우 강력하다.

이러한 노동정책 개혁은 1994년에 이루어졌다. 주요 내용은 노동시장 정책 이행의 소관을 지방정부 노동위원회 등으로 이관하여 개별 시장 환경과 노동 수요에 맞게 정책을 설계·지원하도록 하고, 중앙정부는 후방에서 예산 지원 등을 총괄하는 방식이었다. 덴마크의 노동개혁은 실업수당 중심의 수동적 실업 지원에서 벗어나 구직 교육, 직업 재훈련, 현장 실습 등 적극적 정책으로 전환하는 데 중점을 두었다. 그 결과 장기 실업자 비율이 크게 줄었고, 노동시장 구조 자체가 개선되었다. 이는 현장과 밀착한 단위에서 문제를 정확히 파악하고 해결 방안을 제시할 수 있음을 확인한 사례다.

아일랜드 사회적 대화

'사회적 대화'에는 정부, 노동조합, 고용주, 지역사회 및 자발적 부문, 농부와 환경 단체까지 참여한다. 정부는 노동조합과 고용주뿐 아니라 사회의 모든 부문을 참여시켜 인프라·서비스, 기후·지역 개발, 조세·실업 등 아일랜드가 직면한 심각한 과제를 해결하고자 한다. 정부는 사회 모든 부문이 지속 가능한 미래를 함께 만들어 갈 책임을 공유하기를 원한다.

국가 차원에서 진정한 사회적 대화가 이루어지지 않는다면, 강자는 개방 시장이나 정치 영역에서 자신들의 입장을 고수할 수 있고, 약자는 소외될 수밖에 없다. 이런 불평등이 계속 심화되면 통합적 발전은 달성하지 못한다. 사회 모든 부문을 참여시켜야 한다. 그렇지 않으면 대화 과정에 참여하는 사람들에게만 유리한 편향된 결과가 나타날 수 있다. 이해관계자 배제는 불평등과 사회적 배제를 심화시킨다.

아일랜드 사회적 대화의 주요 의제는 다음과 같다.

- 사회 기반 시설(예: 사회 주택, 대중교통, 농촌 광대역망)
- 서비스(예: 의료, 교육, 돌봄)

대한국민 행복 프로젝트

- 기후 변화 및 지속 가능성 전반

- 공정한 과세

- 굿 거버넌스

- 웰빙 등

지방소멸

대한민국의 지방소멸 실태는 심각한 사회문제다. 지방소멸은 인구가 줄어들어 해당 지역이 더 이상 사회·경제적 기능을 유지할 수 없는 상태를 뜻한다. 2039 청년층 여성 인구 감소가 핵심 지표로 활용된다. 일본의 마스다 보고서(2014)에서 도입된 '소멸위험지수(=2039세 여성 인구 / 65세 이상 인구)' 개념을 한국에도 적용하고 있다.

행정안전부는 2022년 처음으로 89개 지역을 '인구감소지역'으로 지정했다. 이 가운데 상당수는 군(郡) 단위였으며 일부 시도 포함하였다. 한국고용정보원의 '지방소멸위험지수'에 따르면 전국 228개 시·군·구 중 절반 이상(약 120여 곳)이 소멸위험 단계에 진입했다. 강원, 전남, 경북, 경남, 충북 등의 농어촌 지역이 특히 심각하다.

교육·일자리 문제로 수도권으로 이동한 청년 인구 유출, 저출산, 고령화로 인해 생산가능인구가 줄고, 이는 다시 지역경제 위축과 일자리 감소를 초래한다. 그 결과 청년 인구는 더 빠르게 빠져나가고, 농촌·지방은 더 심각한 저출산·고령화에 직면하는 악순환이 이어지고 있다. 학교·병원·상점이 폐쇄되고, 공공·민간 서비스 유지가 곤란해지며, 세수 감소로 지방재정이 악화되고 지역 경제 기반이 붕괴되고 있다.

정부는 인구감소지역 지원 특별법 제정, 지자체 재정 지원, 규제 완화, 청년 정착 지원 정책 시행, 공공기관·기업 지방 이전, 지역 특화산업 육성 등을 시도했으나 효과는 제한적이다. 현 추세라면 2050년경 전국 시군구 절반 이상이 소멸 위험에 놓일 것이라는 전망도 있다. 최근 연구에 따르면 저출산의 주요 원인은 지방소멸로 인한 수도권 집중과 그에 따른 경쟁 심화다. 교육과 일자리는 하나의 연결된 의제다. 지역에 양질의 일자리가 있어야 수도권 중심 입시 경쟁이 완화한다. 따라서 수도권 집중을 완화하고 지방을 활성화하는 정책은 선택이 아니라 필수다.

증세 vs 감세

주식 양도소득세 부과 대주주 기준을 시가총액 10억 원에서 50억 원으로 환원하려는 시도가 주식투자자 반발로 무산되었다. 양도소득세란 주식을 양도해 발생한 매매차익에 과세하는 것으로, 소액주주가 상장주식에 투자해 얻은 이익에는 부과되지 않는다. 그러나 대주주가 주식을 양도할 때는 양도소득세를 내야 한다.

윤석열 정부는 대주주 요건을 10억 원에서 50억 원으로 완화한 바 있다.

윤석열 정부는 법인세와 종합부동산세를 완화했다. 그 결과 2023년 세수 결손 규모는 56조 4,000억 원, 2024년에는 30조 8,000억 원에 달했다.

2023년에는 세수결손을 이유로 지방교부세와 지방교육재정교부금 18조 6,000억 원을 지급하지 않았다. 정식으로 추경을 통해 감액한 것도 아니고, 이미 확정된 예산을 '불용' 처리해 지급하지 않은 것이다.

지방자치단체들은 회계연도 중 갑작스러운 미교부로 재정적 어려움을 겪었고, 2023년 전국 지자체 지방채 발행 규모는 4조 2,719억 원에 달했다. 소비 증가율은 23년 만에 최저치로 떨어졌고, 재정의 경기 대응 기능은 사실상 마비되었다. 세수결손으로 인해 재정 운영이 파행적으로 이뤄지는 심각한 상황이었다.

참여연대는 윤석열 정부의 '부자 감세'를 철회하라고 요구했다.

지방교부세는 지자체 예산의 약 50%, 교육교부금은 지방교육청 예산의 약 70%를 차지한다. 지자체는 교부금을 농업생산 지원·어촌 개발·복지 등 지역경제 활성화에 사용한다. 교부세를 받지 못하면 예정된 사업이 줄줄이 차질을 빚는다. 실제로 경기 안성·경북 경산 등에서는 예산 부족으로 지역화폐 인센티브가 축소·중단되었고, (지하)도로 보수·확장, 행정복합센터 조성, 청사 주차빌딩 건립, 어린이 물놀이터 조성, 문화예술회관 건립 등 주민 숙원 사업들이 줄줄이 중단·연기되었다.

이는 지방소멸 대응에 도움은커녕 오히려 방해가 된다는 비판을 받았다.

OECD 통계에 따르면 세수 대비 GDP 비율은 핀란드 약 43%, 덴마크 약 42%, 독일 약 39.5%, 일본 약 34.4% 수준이다. 한국은 윤석열 정부 들어 2022년 32.0%에서 2023년 28.9%로 3.1%p 하락했다. 유럽 복지국가들은 모두 40% 이상이다.

정치권에서 감세는 쉬워도 증세는 자살행위라고 한다. 그러나 세금을 획기적으로 올리지 않는 한 한국에서 유럽식 복지국가는 불가능하다. 그렇기에 〈세금과 복지국가에 대한 대규모 국민대화〉를 제안한다.

"세금을 높여 사회안전망을 갖춘 나라에서 살 것인가, 세금을 낮추고 각자도생할 것인가"를 국민이 토론으로 결정하는 것이다.

사회적 대화

아일랜드의 '사회적 대화'는 직면한 심각한 과제를 논의하며, 지속 가능한 미래를 함께 만들어갈 책임을 공유하는 것이다.

덴마크 노동시장 개혁의 성공 요인은 노동시장 정책 이행의 소관을 지방정부 노동위원회 등으로 이관하여 개별 시장 환경과 노동수요에 맞게 정책을 설계·지원하도록 하였기 때문이다.

대한민국의 사회적 대화는 경제사회노동위원회 중심으로 운영한다. 민주노총이 참여한 사회적 협약 체결 시도나 사회적 대화 참여 시도는 지난 20여 년간 번번이 좌절되었다. 정책 형성 과정의 일부로서 사회적 대화가 성공하려면 '다면적 조율정치'가 필요하다. 특히 노동조합의 조직적 집중도가 높지 않은 나라에서는 사회적 대화가 성과를 거두려면 보다 세심하고 복합적인 이해 조율이 필수적이다(박명준, 2023).

노동법 개정과 상법 개정을 통해 노동계의 숙원을 일부 해결하고 소액투자자의 요구도 반영하는 긍정적 측면이 많지만 동시에 입장이 다른 상대방에 대한 불만을 더한 측면이 있다. 불신이 높은 사회에서는 "내 세금이 공정하게 쓰이지 않을 것"이라는 의심이 커지고, 이는 조세 저항과 제도 불신으로 이어져 사회안전망이 무너지고, 결국 사회 구성원의 행복감도 약화한다. 세금과 복지 수준 결정, 각종 법안 개정 방향 등 주요한 사회의제에 대한 사회적 대화를 시도하고 성공 사례를 만들 필요가 있다. 사회적 대화는 불신 사회에서 공정 사회로 전환이 가능하다.

불신 사회

사회적 신뢰가 낮은 사회, 즉 불신이 높은 사회에서는 여러 영역에서 구조적 위험과 문제가 발생한다.

- 사회통합과 공동체 약화
  - 공동체 붕괴: 사람들이 서로를 믿지 못하면 협력과 연대가 약화되고 '각자도생' 태도가 강화된다.
  - 양극화 심화: 신뢰가 낮은 사회는 집단 간 갈등이 커지고 정치·사회적 분열이 고착화된다.
  - 고립감·외로움 증가: 타인에 대한 신뢰 부족은 사회적 관계망(Social Network)을 약화시키며, 개인의 삶의 질을 떨어뜨린다.
- 경제적 비용 증가
  - 거래비용 상승: 계약, 검증, 감시, 소송 등 '불신 비용'이 늘어나 경제 효율성이 떨어진다.
  - 투자 위축: 기업 지배구조 불투명, 부패 우려 등으로 외국인 투자자의 신뢰가 낮아지고 '코리아 디스카운트' 현상이 발생한다.
  - 혁신 저해: 불신 사회에서는 정보 공유, 공동 연구, 협력이 어렵고, 혁신 생태계가 약화된다.

- 정치·제도적 불안정

  - 정부·제도 신뢰 붕괴: 공공기관, 법원, 정치에 대한 불신이 높으면 법치가 약화되고 제도적 안정성이 흔들린다.

  - 포퓰리즘 확산: 불신 사회에서는 '기득권 불신'을 기반으로 포퓰리즘 정치가 득세하기 쉽다.

  - 시민참여 위축: 정부, 정치인, NGO조차 신뢰하지 못하면 투표, 주민투표, 시민패널 참여가 줄어 민주주의 기반이 약화된다.

- 복지·공공정책에 미치는 영향

  - 복지제도 지속성 약화: 납세자들이 "내 세금이 공정하게 쓰일 것"이라고 믿지 못하면 조세 저항과 제도 불신이 커진다.

  - 사회안전망 붕괴: 신뢰 기반이 약하면 기부·자원봉사 같은 민간 사회안전망 활동도 위축된다.

  - 불평등 악순환: 불신 사회일수록 상호부조와 연대가 약해져 불평등 해소가 더디다 → 다시 불신 심화.

  - 개인적 차원: 행복과 건강

  - 행복 수준 저하: 로버트 퍼트남(R. Putnam)이나 OECD 연구에 따르면, 사회적 신뢰는 주관적 행복과 강하게 연관된다. 불신이 높을수록 행복 점수는 낮다.

  - 정신·신체 건강 악화: 불신은 스트레스, 우울감, 고립감을 키우며 건강에도 악영향을 준다.

  - 세대 전이: 아이들은 '세상은 위험하다'는 인식을 학습해, 다음 세대에

도 낮은 신뢰가 이어진다.

불신 사회는 경제적 효율성 저하, 정치·제도의 불안정, 복지제도의 약화, 공동체 해체, 행복 감소라는 다층적 악순환을 초래한다. 결국 신뢰는 사회적 자본의 핵심이며, 이를 회복하지 못하면 지속가능한 발전은 물론 개인의 행복과 건강도 위협받는다.

사회적 대화

기후위기 대응을 위한 탄소중립 사회로의 이행 요구와 디지털 기술 발전은 노동시장에 거대한 변화를 예고하고 있다. 변화의 속도와 범위가 빠르고 클수록 노동자의 고용안정은 위협받는다. 정부는 산업구조 전환에 따른 실직 위험을 선제적으로 예측하고, 직접·간접적으로 피해를 입을 수 있는 노동자·기업·지역을 체계적·종합적으로 지원해야 한다.산업전환기에 고용안정 지원을 실효성 있게 하려면 사회적 대화의 활성화가 필요하다. 새로운 이해관계에 맞춰 사회적 대화기구 간 역할을 재배분하는 방식이 필요하다 (정경훈, 2024).

다양한 기구에서 '행복한 노동'을 논의해야 한다.

- 경사노위(경제사회노동위원회): 노동자·사용자·정부가 신뢰와 협조를 바탕으로 노동·경제·사회 정책을 협의하기 위해 설립된 대통령 소속 자문기구로서, AI·인공지능·4차산업혁명 시대의 '행복한 노동' 방향을 논의해야 한다.
- 고용정책심의회: 고용시장 변화를 모니터링하고, '행복한 노동' 관점에서 일자리 정책을 발굴·시행해야 한다.

대한국민 행복 프로젝트

- 탄소중립위원회: 탄소중립을 위한 산업전환, 일자리 축소, 지역 파급 효과 등을 면밀히 분석해 정의로운 전환이 가능하도록 계획을 수립하고, '행복한 노동'을 중심으로 실행해야 한다.

시민참여 노동개혁 거버넌스

이재명 정부 국정운영 5개년 계획은 '성숙한 시민참여국가'를 목표로 숙의공론 제도를 마련·운영하고, 공론화 사업을 추진하겠다고 밝혔다. 특히 탄소중립 정책과 관련해 (가칭)기후시민회의를 구성해 사회적 합의를 마련하겠다는 계획이다. 반가운 일이다.

기후시민회의를 비롯한 공론화 과정으로 <시민참여 거버넌스> 방식을 제안한다. 아일랜드 시민의회 방식을 참조할 필요가 있다. 아일랜드 시민의회는 특정 이슈에 대한 심층 토론과 시민 의견 수렴 후 권고안을 제시하며, 무작위로 추출된 일반 시민들로 구성된다. 시민의회 권고안은 정부와 의회가 수용 여부를 결정하며, 회의는 대부분 생중계되고 자료를 공개한다.

<시민참여 노동개혁 거버넌스>를 구성하여 노동개혁의 방향을 논의하자. 다른 의제와 마찬가지로 정기적으로 인구사회학적 대표성을 고려해 무작위 추출 방식으로 선발해야 한다. 토론은 없고 주장만 남는 노동개혁은 좌초할 가능성이 크다. 노동개혁이 흔들리지 않도록 시민이 중심을 잡아야 한다.

우선적으로 '세금에 대한 대규모 국민대화'를 제안한다. "세금을 높여 사회안전망을 갖춘 나라에서 살 것인가, 세금을 낮추고

각자도생할 것인가"를 국민 스스로 토론해 방향을 결정하는 대규
모 대화이다.

이는 '행복한 노동'을 위한 개혁 방향을 노동자가 다수를 차지
는 국민 스스로 결정하도록 하기 위함이다.

Part 3

거버넌스

1
ESG 시대, 거버넌스

언젠가 환경운동을 해야겠다고 마음먹었으나, 쉽게 용기가 나지 않았다. 그러다 (사)ESG코리아를 만났다. 기후위기의 원인은 인간의 경제활동으로, 이를 극복하기 위한 자본주의적 방식이 ESG다. 그중 가장 난해한 개념은 G, 즉 거버넌스다. 이는 기업 지배구조이자 문제 해결의 원칙이기도 하다. ESG를 연구하며 필자는 기후위기와 정의로운 전환의 해법을 <시민참여 거버넌스>에서 찾았다. 시민이 직접 참여해 정책 방향을 결정해야만 지속가능한 대안이 마련된다.

선종하신 프란치스코 교황은 2015년 발표한 회칙에서 "우리의 공동 집인 지구가 파괴되고 있다"라고 하셨다. 아울러 환경 파괴의 주범은 인간이며 가난한 자가 가장 큰 피해자이고, 모든 것은 연결되어 있다며 토론의 필요성을 강조하셨다.

기후위기와 재난

기록적 폭염과 극한 호우가 전 세계 여름을 뜨겁게 달구고 있다. 폭염으로 프랑스는 에펠탑 등 관광지를 제한하기도 했고, 북유럽의 핀란드조차 7월 3주 연속 섭씨 39도 이상을 기록했다. 호주에서는 최대 폭설로 3만 가구가 정전되었다. 미국 텍사스주 카운티에 쏟아진 기록적 폭우로 다수의 어린이를 포함해 최소 135명이 숨졌다. 당시 이 지역에는 단 3시간 만에 3개월 치 강수량(250㎜)에 해당하는 비가 내렸다.

튀르키예 남부 도시 실로피의 기온은 섭씨 50.5도를 기록하며 기존 최고 기온(섭씨 49.5도)을 넘어섰다. 고온 건조한 날씨는 산불로 이어졌고, 하루 동안 이 지역에서만 84건의 화재가 발생했다. 대형 화재로 소방관과 구조대원 등 최소 17명이 숨지고, 5만 명 이상의 이재민이 발생했다. 중국 베이징에서도 7월 23일부터 일주일간 이어진 폭우로 40명 넘는 사망자가 발생했으며, 중국 당국은 약 30만 명의 이재민과 2만 4,000여 채의 가옥 파손 피해를 발표했다.

기후재난은 가난한 이들의 삶을 위협하며, '불평등이 재난이다'라는 절규를 낳고 있다. 폭염은 농산물 작황에도 악영향을 미쳐

밥상 물가에 비상이 걸렸고, 채소·과일 값은 장 보기가 두려울 정도로 급등했다. 수산물 가격도 심상치 않다. 한반도 주변의 고수온 현상으로 어종 변화와 생육 부진이 겹쳐 수산물이 덜 잡히고 있기 때문이다. 물가 상승의 타격은 저소득층 가계일수록 더 크게 미치며, 골목시장과 자영업자들에게도 여파가 이어지고 있다. 기후위기가 일으킨 폭염과 폭우는 단순한 물리적 위험을 넘어 실물경제를 흔드는 상시적 위협이 되고 있다.

몇 해 전 폭우로 반지하 주택에 살던 일가족 3명이 침수로 목숨을 잃은 사건도 있었다. 당시 오세훈 서울시장은 "반지하 주택은 사라져야 한다"라며 반지하 건축물을 단계적으로 없애겠다는 대책을 내놓았지만, 서울 시내 반지하에 사는 24만 5,000가구 중 정부·서울시 지원으로 반지하를 벗어난 곳은 전체의 3.1%에 불과하다. 기후재난 취약계층의 주거권 문제는 여전히 해결되지 않고 있다.

대한국민 행복 프로젝트

기후협약

브라질 리우에서 열린 리우정상회담은 '지속 가능한 개발을 위한 지구동반자관계'를 형성하기 위해 열린 국가정상급 회의로, 지구정상회담·리우회의라고도 불린다. 이 회담은 환경과 개발의 조화를 모색하는 세계적 행동계획을 마련한 역사적 사건이었으며, 환경 관련 3대 국제협약인 기후변화협약(UNFCCC), 생물다양성협약(CBD), 사막화방지협약(UNCCD)을 채택하는 계기가 되었다.

교토의정서(Kyoto Protocol, 1997)는 기후변화 대응을 위한 최초의 구속력 있는 국제 환경 협약으로, 선진국의 의무를 규정했다. 일본 교토에서 열린 제3차 유엔기후변화협약 당사국총회(COP3)에서 확정된 이 협약은 법적 구속력이 있으며, 온실가스를 이산화탄소(CO_2), 메탄(CH_4), 아산화질소(N_2O), 수소화불화탄소(HFCs), 과불화탄소(PFCs), 육불화황(SF_6) 등 6종으로 정의했다. 주요 원칙은 '공동의 그러나 차별화된 책임'으로, 선진국이 역사적으로 더 많은 온실가스를 배출했으므로 주된 감축 책임을 져야 하고 개발도상국은 감축 의무가 없다는 것이다. 이행 수단으로 교토의정서는 국가별 감축 목표 달성을 위해 세 가지 시장 기반 수단을 도입했다. 배출권 거래, 공동이행, 청정개발체제가 그것이다.

파리기후협약(2015)은 교토의정서와 달리 모든 국가가 참여하는 보편적 기후 체제이다. 2015년 12월 12일 프랑스 파리에서 열린 제21차 유엔기후변화협약 당사국총회(COP21)에서 채택되었으며, 197개 당사국 모두가 동의한 전 지구적 기후협약이다. 협약의 목표는 지구 평균기온 상승 억제를 산업화 이전 대비 섭씨 2도 이하로 제한하고, 더 나아가 섭씨 1.5도 이하로 제한하기 위해 노력하는 것이다.

이를 위해 금세기 후반(2100년 이전)에 넷제로(net-zero, 탄소중립)를 달성하기로 했으며, 선진국이 매년 1,000억 달러 이상을 기후재원으로 지원해 개도국을 돕기로 했다. 또한 각국은 자발적 감축목표를 설정하고, 이를 5년마다 갱신·강화하는 의무를 지닌다. 그러나 미국은 2017년 트럼프 대통령 임기 중 탈퇴했고, 바이든 대통령 취임 직후(2021년 2월) 복귀했으나, 2025년 1월 트럼프 2기 취임 첫날 다시 탈퇴를 공식 발표했다.

UN 지속가능발전목표(SDGs, Sustainable Development Goals)는 2015년 UN 총회에서 만장일치로 채택된 전 지구적 목표로, 인류와 지구의 지속 가능한 미래를 위해 국제사회가 공동으로 추진하기로 합의한 것이다. 선진국과 개발도상국을 포함한 모든 국가가 2016년부터 2030년까지 달성해야 하며, 비전은 "단 한 사람도 소외되지 않도록"이다. SDGs는 총 17개 목표로 구성되어 있다. ① 빈곤퇴치(모든 형태의 빈곤 종식) 같은 사회적 문제, ② 모두를 위한 깨끗

한 물과 위생 보장 같은 환경 문제, ③ 목표 달성을 위한 글로벌 파트너십 강화 등이다.

비극적 시나리오

기후변화에 관한 정부 간 협의체(IPCC, Intergovernmental Panel on Climate Change)는 기후변화와 관련한 전 지구적 위험을 평가하고 국제적 대책을 마련하기 위해 세계기상기구(WMO)와 유엔환경계획(UNEP)이 1988년 공동으로 설립한 국제 협의체다. 기후변화의 영향과 국제적 대응 방안을 제시하고, 유엔기후변화협약의 의제 실행 여부를 점검하며 평가보고서를 발행하는 것이 주요 임무다. IPCC는 인간 활동과 지구 온난화의 연관성에 대한 인식을 제고하고 광범위한 컨센서스를 형성한 공로로 앨 고어 전 미국 부통령과 함께 2007년 노벨 평화상을 수상했다.

IPCC 제6차 평가보고서(AR6)에 따르면, 온실가스 중간 배출 시나리오에서 2100년 기온은 섭씨 2.1도-3.5도 상승할 것으로 예측한다. 이 경우 예상되는 비극적 시나리오는 다음과 같다.

① 해수면 상승: 저지대 국가(예: 투발루, 몰디브)와 대도시(방글라데시 다카, 미국 마이애미) 일부 지역이 상시 침수되고, 해안 침식·염수 침투로 농업 생산성이 감소하며 수천만 명의 기후 난민이 발생할 것으로 예상된다.

② 극한 기상: 50년에 한 번 발생하던 폭염이 매년 또는 수년마다 발생. 아시

아·유럽·아프리카 대부분 지역에서 체감온도 섭씨 50도 이상 빈도가 급증. 국지성 집중호우의 빈도와 강도도 상승해 대도시 배수·하천 관리 한계를 넘어설 수 있다. 반면 지중해·남아프리카·남미 일부 지역은 장기 가뭄이 심화되며 산불 시즌은 확대·강화된다(특히 호주, 미국 서부, 지중해 연안).

③ 생태계: 전 세계 산호초의 70~90% 소멸 위험(백화현상 가속화). 그린란드 빙하는 지속적으로 손실되고, 북극 해빙은 여름철에 거의 사라질 수 있다. 생물 다양성이 감소해 육상 생물종의 10~15%, 해양 생물종의 5~10%가 서식지를 상실할 수 있다. 해양 산성화는 어패류·연체류 성장을 저해해 수산업 생산성이 하락할 것이다.

④ 건강: 폭염으로 열사병·심혈관 질환 사망자 증가. 열대·아열대 지역에서 말라리아·뎅기열 등 매개체 감염병 확산 범위가 북상한다. 간접적으로는 식량 가격 급등으로 영양실조가 증가하고, 기후재난(홍수·가뭄·폭풍)으로 대규모 인구 이주가 발생하며, 정신 건강 악화도 우려된다. 공기질 악화로 산불 증가, 미세먼지·오존 농도 상승으로 호흡기 질환 환자도 늘어날 것이다.

IPCC는 최악의 경우 2100년까지 지구 기온이 최대 섭씨 4.4도까지 상승할 수 있다고 경고했다. 이는 위 시나리오보다 훨씬 더 심각한 결과를 초래할 수 있음을 의미한다.

브뤼셀 자유대학교(VUB) 연구진에 따르면, 현재의 기후정책이 유지된다면 "수백만 명의 젊은이들이 평생 동안 폭염·흉작·홍수·

가뭄·산불·열대성 폭풍에 전례 없이 노출될 것"이라고 경고했다. 만약 2100년까지 지구 온도가 섭씨 3.5도 상승한다면, 2020년에 태어난 어린이의 92%가 평생 전례 없는 폭염을 경험하게 되고, 약 1억 1,100만 명의 어린이가 직접적 영향을 받게 될 것이다. 따라서 전 세계 어린이들의 생명을 지키기 위해서는 온실가스 배출량 대폭 감축이 시급하다.

세계기상기구(WMO)는 최근 보고서에서, 2015년 파리기후협약이 제시한 기후 재앙의 마지노선인 '산업화 이전 대비 1.5도 이내' 목표가 이미 2024년에 임계점을 넘어섰을 수 있다고 밝혔다(한겨레, 2025).

불평등과 ESG

공동 집필한 『노동의 미래, ESG』(김경자 외 공저)에서 인용하였다.

「세계 불평등 보고서 2022」(세계불평등연구소, World Inequality Lab)는 국가별 소득·재산 불평등에 대한 통계와 분석을 제시한다. 보고서에 따르면 한국인의 수입 상위 1%는 하위 50%보다 45.8배, 자산은 226.3배 높아 극심한 불평등을 보여준다. 이러한 불평등은 온실가스 배출 기여도로 이어진다.

한국인의 1인당 평균 이산화탄소 배출량은 14.7tCO₂e다. 그러나 상위 1%는 180.0tCO2e로 평균의 12배 이상을, 상위 10%는 54.5tCO2e로 3.7배 이상을 배출한다. 이는 미국(21t), 캐나다(19t)보다 적고 중국(8t)보다는 많다. 여름철 과도한 냉방과 겨울철 난방, 잦은 항공기 이용 등 생활 방식은 탄소 배출을 증가시킨다. 따라서 상위 계층은 배출을 줄이고, 저소득층에는 선풍기·난방기 지원 등 최소한의 생활 조건을 보장해야 한다. 환경(E)과 사회(S)를 통합적으로 고려해야 하는 이유다.

1972년 로마클럽은 MIT 연구진과 함께 「성장의 한계」를 발표하며, "2030년 인류가 성장을 멈추고 쇠락할 것"이라고 경고했다. 로마클럽은 환경 문제에 관한 대책을 논의하기 위해 세계 각국의 지식인들과 재계인사들이 모여 스위스 법인격으로 설립한 비영리 단체이다. 이탈리아 로마에서 첫 회의를 개최했기 때문에 로마클럽이라 불린다.

로마클럽은 「성장의 한계」 50주년을 맞아 2022년 새 보고서 「모두를 위한 지구」를 발표했는데, 1972년의 예측이 여전히 유효함을 확인했다. 연구 결과, 2030년 성장의 정점 후 하락이 시작되고, 2050년에는 지구 온도가 2도 이상 상승해 불평등이 심화되고 사회 긴장이 위험 수준에 이를 것으로 예측한다. 2100년에는 기온이 2.5도 이상 상승하며, 아마존 열대우림은 초원화되고 곤충·조류 멸종 속도도 빨라질 것이라고 전망했다. 이는 곧 기후 비상 사태다.

로마클럽은 대안으로 '거대한 도약 시나리오'를 제시했다. 전 세계 모든 인류에게 연간 1만 5,000달러 이상의 수입을 보장하는 빈곤 해결이 최우선 과제라는 것이다. 이를 위해 국제 금융 시스템 개혁을 통해 고소득 국가와 부자가 경제적 희생을 감수해야 한다고 제안했다. 그러나 이는 안타깝게도 실현 가능성이 낮다. 인류는 기후위기에 따른 물리적 멸종보다 빈곤과 불평등으로 인한 사회 불안으로 붕괴할 가능성이 크다. 결국 환경(E) 문제는 사회(S) 문제와 긴밀히 연결되어 있으며, 이를 해결할 체계로 ESG에서는 거버넌스, G를 제시하고 있다.

기후위기 판결

헌법재판소는 2024년 8월, 영유아·청소년·시민단체 등이 제기한 기후소송 4건에서 전원일치 의견으로 탄소중립법 제8조 제1항에 대해 '헌법불합치' 결정을 내렸다. 헌재는 "2031~2049년 온실가스 감축 목표가 기후위기라는 위험 상황에 상응하는 최소한의 보호조치를 갖추지 못했다"라고 지적했다. 이에 따라 정부와 국회는 개정 시한까지 2031년 이후의 감축 목표를 새로 지정해야 한다.

2025년 7월 23일, 국제사법재판소(ICJ)는 "기후위기 대응은 모든 국가가 상당한 주의(Due Diligence)를 기울여야 하는 의무이며, 위반국은 피해국에 원상회복·보상·만족을 통해 완전 배상을 해야 한다"라는 권고 의견을 내놓았다. 이는 2023년 유엔 총회가 바누아투 정부 요청을 받아 ICJ에 의뢰한 결과였다.

투발루는 해수면 상승으로 국토가 잠식되고 있다. 이미 9개 섬 중 2개가 거의 사라졌고, NASA는 2050년까지 투발루 육지 대부분이 만조 수위보다 낮아질 것이라고 전망했다. 이에 호주는 투발루 국민에게 영주권을 추첨 배분했으며, 국민의 40%가 응모했다.

국제해양법재판소(ITLOS)는 2024년 5월 "대기 중 인위적 온실가스 배출은 해양 환경 오염"이라는 권고적 의견을 만장일치로 제시했다. 미주인권재판소(IACHR)는 국가가 기후변화로부터 시민 인권을 보호해야 한다고 판시했고, 아프리카인권재판소(ACHPR)도 같은 쟁점에 대한 심리를 개시했다.

독일에서는 2021년 루이자 노이바우어(Luisa Neubauer) 등 청년 활동가 9명이 기후보호법이 파리협정 기준에 미치지 못한다며 헌법소원을 제기했다. 독일 헌법재판소는 제20a조(자연 보호와 미래세대 책임)가 단순한 환경 보호를 넘어 세대 간 공정한 부담 분배를 포함한다고 판시했다. 이에 따라 정부는 2030년 감축 목표를 65%로 상향하고 기후중립 달성 시점을 2045년으로 앞당겼다. 이 판결은 파리협정을 헌법상 의무로 끌어들였다는 점에서 역사적 의미를 갖는다.

아일랜드에서는 환경단체 FIE(Friends of the Irish Environment)가 국가 온실가스 저감 계획이 기후법 요건을 충족하지 못한다고 소송을 제기했다. 대법원은 2020년 7월, 이 계획을 "현저히 부족하다"라며 위법 판결을 내리고 무효로 했다. 정부는 이에 따라 세부 정보를 갖춘 새 계획을 마련해야 했다.

지구촌 행복지수

2024년 5월, 「2024 지구촌 행복지수(HPI) 보고서」가 발표되었다. 이는 전 세계 147개국의 데이터를 분석한 결과다. 지구촌 행복지수는 기대수명과 주관적 웰빙 점수를 곱한 뒤, 탄소발자국(개인 또는 단체가 직·간접적으로 발생시키는 온실가스 총량)으로 나누어 산출한다. 제한된 환경 자원을 사용해 얼마나 효율적으로 길고 행복한 삶을 제공하는지를 평가하는 척도로, 어느 나라가 환경을 해치지 않고 지속 가능한 행복 국가인지를 보여준다.

이번 HPI에서 가장 주목받은 나라는 바누아투였다. 바누아투는 강력한 사회적 연결망을 가지고 있고, 군대가 없으며, 재생에너지가 활성화되어 있다. 그 결과, HPI 보고서가 시작된 이래 두 번째로 1위를 차지했다.

이전 보고서에서 1위를 기록했던 코스타리카는 이번에 4위로 내려갔지만 여전히 높은 점수를 유지했고 중남미의 엘살바도르, 니카라과, 파나마, 칠레 등도 10위 안에 있다. 반면 긴 기대수명과 높은 주관적 웰빙지수에도 불구하고 높은 탄소발자국 때문에 유럽 국가 중 스웨덴과 덴마크, 스페인, 프랑스만이 10위 안에 포함되었다.

대한민국은 기대수명과 주관적 웰빙지수는 양호했으나, 탄소발자국이 14.39tCO$_2$e로 147개국 중 130위를 기록했다. 이에 따라 종합 순위는 76위에 그쳤다.

기후변화와 경제

기후변화로 인한 재해 손실은 지속적으로 커지고 있다. 글로벌 보험사인 뮌헨재보험 보고서에 따르면, 2025년 상반기(1~6월) 산불·홍수 등 자연재해로 전 세계에서 약 1,310억 달러(약 181조 3,000억 원)의 피해가 발생했다. 환경경제학자인 박지성(미 펜실베이니아대 교수)은 저서 『1도의 가격』에서 "평균 기온이 1도 더 높은 국가는 1인당 소득이 평균 8%가량 낮다"라고 밝히며, 기후변화 대응은 곧 경제 문제임을 강조했다. 이는 자연재해 손실뿐 아니라 생산성 저하 등 경제 전반에 악영향을 미친다는 뜻이다(동아일보, 2025년 8월 9일).

미국 시카고대학 연구진은 「온도가 생산성과 노동 공급에 미치는 영향: 인도 제조업의 증거」 연구에서 인도의 개별 작업장 데이터를 분석했다. 그 결과, 고온일수일 경우 기온이 1도 상승할 때마다 노동자 생산성이 2~4% 하락한다는 사실을 확인하였다.

2025년 11월 브라질에서 열리는 유엔기후변화협약 당사국총회(COP30)를 이끄는 안드레 코레아 두 라고(André Aranha Corrêa do Lago, 브라질 외교부 기후·에너지·환경 차관)는 "더 이상 텍스트 협상에 매달릴 것이 아니라 이미 합의된 사항을 즉시 행동으로 옮겨야 한다"라고 강조했다. 그는 IMF, 세계은행 같은 국제기구뿐 아니라 지방정부,

시민사회, 민간 부문과 협력해 현실적인 실행력을 확보해야 하며, 기후행동이 불이익이 아닌 기회이자 성장과 공정성을 동시에 실현할 길임을 부각시키고자 한다고 밝혔다.

반 ESG 기조

ESG 원칙은 정치적 반발과 기후 규제를 제한하려는 시도로 역풍에 직면하고 있다. 특히 새 미국 행정부 출범 이후 이러한 기조가 강화되었다.

트럼프 대통령은 집권 1기(2017~2021년)부터 "기후변화는 사기(Hoax)"라고 주장해 왔다. 재집권 직후 다시 파리기후협약에서 탈퇴했으며, 석유 등 화석연료 개발을 강조했다. 그는 취임사에서 "우리 발밑의 액체 금(Liquid Gold)이 다시 미국을 부유하게 만들 것"이라며, 태양광·풍력은 "신뢰할 수 없는 에너지원"이라고 비판했다. 2025년 7월에 시행된 '하나의 크고 아름다운 법안(OBBBA)'에도 청정에너지 지원을 중단하고 화석연료 개발에 힘을 싣는 내용이 포함되었다. 트럼프 행정부는 '에너지 안보'를 핵심 의제로 삼아 미국을 최대 원유 생산국으로 만들었다. 석유 재벌 출신인 크리스 라이트 에너지부 장관은 "화석연료 개발 확대만이 AI 시대 급증한 전력 수요를 감당할 수 있다"라고 주장했다.

유럽연합(EU)은 기업 지속가능성 공시지침(CSRD)의 핵심 기준인 지속가능성 공시기준(ESRS)을 대폭 축소했다. 필수 공시 항목의 57%를 줄이고, 선택 항목을 포함하면 전체 항목의 68%를 삭제한 것이다. 이는 기업의 실무 부담을 완화하기 위한 조치였다.

　한때 '기후 악당'으로 불렸던 중국은 이제 세계 최대 재생에너지 발전국으로 변신하였다. 국제재생에너지기구(IRENA)에 따르면 2024년 전 세계 신규 재생에너지 설비 용량의 64%를 중국이 차지했다. 중국의 태양광 전력 생산능력은 미국의 5배, 풍력은 3배 이상이다. 전기차·리튬 배터리·태양광 패널 등에서 중국은 정부 보조금과 대규모 투자를 바탕으로 글로벌 선두를 달리고 있다. 청정에너지 산업은 GDP의 10%에 육박하는 경제 동력으로 성장했다. 그러나 중국은 여전히 세계 1위 온실가스 배출국으로, 화석연료 의존도는 절대적으로 높다. 국제 학술지 「네이처(Nature)」는 지난해 중국의 에너지 소비 중 화석연료 비중이 82%였다고 분석했다. 중국 정부가 2030년 이후에야 본격적 탄소 저감을 시작하겠다고 밝힌 점은 '보여주기식'이라는 비판을 낳고 있다.

전력수급기본계획

문재인 정부는 탈원전 정책을 반영하여 원전·석탄 중심에서 신재생 및 LNG 중심으로 전환했다. 원전 설비 용량은 점진적으로 감축하고, 석탄 발전은 완전 폐지를 목표로 했다. 2030년 발전 비중은 원자력 25%, 신재생 20.8%, 석탄 29.9%로 전망했다.

윤석열 정부는 에너지 정책의 중심을 원자력으로 전환했다. 2030년 원자력 발전 비중은 32.4%, 재생에너지는 21.6%, 석탄은 19.7%로 설정했다.

이재명 정부는 임기 초반 전력수급기본계획을 발표하지 않았지만, 에너지 패러다임 전환을 강조했다. 분산형 에너지 체계를 구축하고, 산업단지·도심·농촌 등 전방위적으로 태양광·풍력을 확대해 RE100을 달성하겠다고 밝혔다. 또한 '햇빛·바람연금' 같은 주민 참여형 모델을 도입하겠다고 했다.

이처럼 문재인·윤석열·이재명 정부로 이어지며 정권이 바뀔 때마다 에너지 정책은 정권의 성격과 입맛에 따라 달라졌다. 문제는 삶을 좌우하는 에너지·기후위기 정책 결정 과정에서 시민이 참여할 수 있는 구조가 없다는 점이다.

탄소중립위원회

'탄소중립기본법' 제3조 제7호는 "탄소중립 사회로의 이행과 녹색
성장의 추진 과정에서 모든 국민의 민주적 참여를 보장한다"라고
명시하고 있다. 제15조에는 위원회 설치와 관련해 청년, 노동자,
시민사회 등 각 사회계층의 대표성이 반영되도록 위원을 위촉해
야 한다고 규정하고 있다. 대표적인 위원회가 바로 '2050 탄소중
립녹색성장위원회(약칭 탄소중립위원회)'이다.

　문재인 정부는 각 부처 추천으로 10개 분과, 72명의 전문가로
위원회를 구성했다. 탄소중립위원회는 논의를 거쳐 3개 시나리오
안을 발표했으며, 전국에서 무작위로 만 15세 이상 500명을 추출
하여 '탄소중립시민회의(국민정책참여단)'를 출범시켰다. 이어 시민
탄소교실, 시민회의, 대토론회를 개최하고 최종적으로 '2050 탄소
중립 시나리오'를 수립·발표했다. 또한 탄소중립위원회 전체 회의
를 통해 '2050 탄소중립 시나리오(안)' 2개와 '2030 국가 온실가스
감축목표 상향안'을 심의·의결했다.

　윤석열 정부는 2050 탄소중립위원회의 민간위원 수를 절반 이
상 줄였고, 대부분을 대학 교수·정부 연구기관 연구자·기업인으
로 채워 '탄소중립기본법'이 정한 시민 참여조차 배제했다.

　　　　　　　　　　　　　　　　　　대한국민 행복 프로젝트

‘탄소중립기본법’은 기후위기를 극복하는 과정에서 모든 이해관계자가 의사결정 과정에 동등하고 실질적으로 참여해야 한다고 명시한다. 여기서 ‘모든 이해관계자’는 곧 ‘모든 국민’을 의미한다. 이재명 정부는 집권 초기라 큰 변화는 보이지 않고 있으며, 2050 탄소중립위원회는 여전히 정부와 교수들이 다수를 차지하고 있다. 따라서 국민이 직접 참여하고, 국민이 결정하는 기후위기 극복 방안을 논의하는 <시민참여 거버넌스> 구성이 절실하다.

기후정의

녹지와 같은 자연환경은 사람들의 행복감에 긍정적으로 작용한다. 특히 도시 환경에서는 녹지가 바쁜 일상의 스트레스를 완화하고 안정시키는 완충 작용을 한다(웰스 & 에반스, 2003). 기후위기를 극복하고 자연과 함께하는 삶은 곧 행복감을 높이는 길이다.

　'기후정의'란 기후변화를 야기한 온실가스 배출에 사회계층별 책임이 다름을 인정하고, 기후위기 극복 과정에서 모든 이해관계자가 의사결정에 동등하고 실질적으로 참여해야 한다. 책임에 비례해 탄소중립 사회로의 이행 부담과 녹색성장의 이익을 공정하게 나누어 사회적·경제적, 세대 간 평등을 보장하는 것을 말한다.

　기후위기 대응 과정에서 노동자, 농민, 중소상공인 등은 취약계층의 보호 대상이 아닌 기후위기 극복의 주체가 되어야 한다. 그리고 지역주민·빈민·장애인·여성·청년 등 기후위기 대응 과정에서 누구도 배제되지 않도록 연대해야 한다.

폭염과 에어컨

폭염이 일상화한 미국에서는 취약계층을 위한 무상 에어컨 보급 프로그램을 확산하고 있다. 뉴욕주는 '주택에너지 지원 프로그램(HEA)'과 '에센셜 헬스케어 플랜'을 통해 저소득층 노인, 영유아, 천식 환자에게 에어컨을 제공하고 있다. 민간 비영리단체들도 대규모 보급에 나서고 있다.

오리건주 포틀랜드는 2018년 도입한 '기후정의세'를 재원으로 저소득층 가구에 에너지 효율 히트펌프 1만 5,000대를 설치 완료했으며, 올해 5,000대를 추가 보급할 계획이다. 온실가스 배출은 줄여야 하지만, 폭염으로 생명이 위태로운 상황을 막기 위한 대책은 반드시 필요하다.

히트펌프는 건물의 냉난방과 온수 공급에 사용하는 고효율 에너지 장치이다.

유럽의 에어컨 보급률은 약 20%에 불과하다. 여름철 폭염이 갈수록 심해짐에 따라 에어컨 설치를 두고 정치권의 찬반 논쟁이 뜨겁다. "에어컨 설치가 정의로운가"라는 문제는 유럽에서 뜨거운 논쟁거리다.

그러나 대한민국에는 이런 사회적 논쟁조차 없다. 경제적 사정이 허락하면 무조건 에어컨을 설치한다. 창문도 없는 쪽방촌에서 선풍기조차 없이 폭염을 견뎌야 하는 독거노인들은 생명의 위협을 받는다. 폭염과 생존 문제를 포함한 기후위기를 '정의로운 관점'에서 토론해야 한다.

ESG 거버넌스

기후위기 극복을 위한 국제적 거버넌스 구성과 국가별 거버넌스 구성에서 시민참여를 확대해야 한다. 트럼프 대통령의 파리기후협약 탈퇴에서 확인한 것처럼 정권에 따른 정책 변경을 최소화하기 위해서는 시민들의 기후위기에 대한 인식을 강화하고 정책 방향을 주도해야 한다. 다층적 거버넌스를 시민 중심으로 구성하는 것이다.

시민들이 기후위기 해결의 주체가 되어 최전선에서 직접 당사자가 되고, 정책적 방향을 결정할 수 있도록 하는 체계를 만들어야 한다. 그것이 바로 ESG의 G, 즉 거버넌스이다. 따라서 <시민참여 기후위기 해결 거버넌스>를 구성하고 운영해야 한다.

기존의 2050 탄소중립위원회를 비롯한 기후위기 관련 논의 구조를 일반 시민들이 중심이 되어 재편해야 한다. 시민들이 기후위기와 관련된 문제점과 해결 방안을 '국민 행복'이라는 관점에서 인식하고 스스로 해법을 찾아가는 과정이 무엇보다 중요하다. 이를 통해 시민들의 기후위기 관련 역량을 강화할 수 있으며, 이러한 역량 강화는 정권이 교체되더라도 흔들리지 않고 지속 가능한 기후위기 대응 체계를 유지할 수 있게 하는 힘이 된다.

2
참여민주주의

견제받지 않는 권력은 부패한다. 체육관에서 대통령을 뽑았던 대한민국은 1987년 6월항쟁의 승리로 국민이 직접 선출할 권리를 쟁취하였고 여와 야가 바뀌며 견제를 하고 있다. 직접민주주의 투표를 통해 행정부 최고 권력자인 대통령을 뽑는다. 그리고 투표로 국회의원을 뽑아 국민의 입법 권한을 위임한다. 300명 국회의원 중 청년이나 비정규직 노동자 출신은 드물다. 율사 등 특정 계층이 과대 대표되고 있다.

이런 투표를 통한 대통령과 국회의원에게 권력을 위임하는 것만으로 '대한민국은 민주공화국이며 모든 주권은 국민에게 있고 모든 권력은 국민으로부터 나온다'라는 헌법 제1조의 가치에 부합하는 것인가 의문이다.

대한국민 행복 프로젝트

참여민주주의

민주주의는 국민의 참여를 바탕으로 한 의사결정이 강조된다. 대의민주주의론자들은 시민참여를 대표를 선출하고 감시하는 기능에 국한한다. 이러한 인식의 기저에는 시민의 능력에 대한 회의, 규모의 문제, 과도한 참여가 정치적 불안정과 비효율성을 초래할 수 있다는 우려가 깔려 있다.

반면 참여민주주의는 국민이 선거 외에도 자기 삶에 직접적인 영향을 미치는 결정에 참여하며, 국가는 국민의 필요에 응답하고 공공선을 위한 통치를 지향한다. 직접민주주의는 투표를 통해 곧바로 결정권을 행사한다. 단, 직접민주주의는 시민의 참여를 촉진할 수 있지만 그 참여가 반드시 정의롭고 평등한 결과로 이어지지는 않는다. 특히 시민권과 같은 '권리 문제'는 다수결 투표로 결정해서는 안 되는 영역일 수 있다. 소수자의 권리는 종종 헌법, 사법부, 의회 등을 통한 보호가 더 효과적일 수 있다.

지역주민이 의사결정에 참여하는 경우, 일반적으로는 공식적인 결정권이 없는 의견 제시나 자문 기능에 그치는 경우가 많다. 참여민주주의 제도의 대표적인 예가 주민발의제도다.

미국 50개 주의 통합 시계열 데이터를 활용한 연구에서는 주민발의제도의 존재와 활용이 대선과 중간선거 모두에서 높은 투표율과 관련이 있음을 확인했다. 주민발의제도가 있는 주는 없는 주에 비해 중간선거 투표율이 7~9%p 높고, 대선 투표율은 3~4.5%p 더 높았다(톨버트 외). 또한 미국 23개 주에서는 시민들이 유권자 투표를 통해 법안을 발의하고 승인할 수 있으며, 나머지 27개 주에서는 선출된 의원만이 법안을 제안할 수 있다. 두 제도 하에서 지난 30년간 주 및 지방 정부의 재정 행태를 비교한 결과, 유권자 발의가 있는 주에서 재정지출이 약 4% 낮았다(존 G. 마츠사카).

대의민주주의와 직접민주주의의 중간적 제도가 바로 참여민주주의이다. 참여민주주의는 의사결정 과정에 시민참여가 확대되면 될수록 바람직하다. 참여는 민주주의 운영에 필수적인 시민의 지지를 확보할 수 있고, 동시에 시민 교육의 역할을 한다. 또한 다양한 이해관계가 갈등할 수밖에 없는 정치사회에서 공동체의 조화와 균형을 이루어가는 과정이기도 하다(바버, 1984).

주민투표제

직접민주주의의 핵심은 주민투표다. '주민투표법'에 따르면 주민에게 과도한 부담을 주거나 중대한 영향을 미치는 지방자치단체의 주요 결정사항은 주민투표에 부칠 수 있다.

2011년 서울시 무상급식 주민투표 사례가 대표적이다. 학생 모두에게 무상급식을 제공하자는 요구가 커지자 당시 오세훈 시장은 저소득층 30% 학생들에게만 제한적으로 무상급식을 제공하는 안을 주민투표에 부치자고 제안했다. 시의회 다수당이던 민주당이 이를 거부했다. 이후 시민단체인 '복지포퓰리즘추방국민운동본부'가 법적 요건(청구권자 총수의 1/20)을 충족한 서명부를 제출해 주민투표가 실시되었다. 오세훈 시장은 투표가 무산되거나 패배하면 사퇴하겠다고 공언했다. 그러나 최종 투표율은 25.7%로, 개표 요건인 33.3%에 미달하여 투표는 무산되었고, 오세훈 시장은 시장직에서 사퇴했다.

주민투표 부결 이후 서울시 무상급식 정책은 선별적 복지에서 보편적 복지로 전환되었다. 결국 이 사례는 전국적인 무상급식 확대의 계기가 되었다. 직접민주주의 주민투표는 참석자 규모와 절차의 문제 등으로 확대 하기 쉽지 않다.

주민소환제

'지방자치법' 제25조(주민소환)는 ① 주민은 지방자치단체의 장 및 지방의회의원(비례대표 의원 제외)을 소환할 권리를 가진다. ② 주민소환의 투표 청구권자, 청구 요건, 절차 및 효력 등은 따로 법률로 정한다고 규정하고 있다.

주민소환제란 잔여 임기가 있는 공직자의 해임 여부를 묻는 투표를 주민이 청구할 수 있는 제도다. 주민소환제는 대의민주주의 제도에서 공직자의 책임성을 확보하기 위한 장치지만, 요건이 까다롭고 참여 절차가 복잡하다는 비판 속에 성공 사례는 드물다. 2007년 하남시의원 2명이 의원직을 상실한 것이 유일한 성공 사례다.

주민소환제 역시 투표라는 형식으로 주민투표제와 같이 시민참여 확대 방안이 되기 어렵다.

주민감사청구제

'지방자치법' 제21조(주민의 감사 청구) 제1조에 따르면 지방자치단체의 18세 이상 주민으로서 다음 각 호의 요건을 충족하는 경우 (시·도는 300명, 인구 50만 이상 대도시는 200명, 그 밖의 시·군 및 자치구는 150명 이내에서 조례로 정하는 수 이상의 주민이 연대 서명하면) 해당 지자체의 장의 사무 처리가 법령에 위반되거나 공익을 현저히 해친다고 인정될 때 감사를 청구할 수 있다.

최근 사례로는 경상남도가 있다. 2025년 6월 행정안전부는 경상남도의 특정 기업 지원 요건 반려 건에 대해 감사를 실시했다. 해당 기업 대표가 청구인으로 참여한 감사청구에서, 행정안전부는 경상남도의 투자금액 불인정을 부적정하다고 판단하고 재검토하도록 조치했다. 그러나 이 과정에서 주민감사청구제가 특정 기업의 이익 실현 도구로 활용되면서 본래의 의미가 퇴색했다는 지적도 제기되었다. 주민감사청구 제도 설계 취지를 살릴 필요가 있다.

주민소송제

주민소송제는 지방자치법 제22조(주민소송)에 근거한다. 감사 청구와 관련된 위법 행위나 업무 태만에 대해 해당 지방자치단체장을 상대로 소송을 제기할 수 있는 제도이다. 그러나 실효성은 낮다는 평가를 받아왔다. 2006~2019년 주민소송 총 43건 중 승소는 용인 경전철 관련, 2025년 7월 대법원에서 최종 승소 확정된 사례가 유일하다.

주민발의제도

지방자치법 제19조(조례의 제정과 개정·폐지 청구) 제1항에 따라 주민은 지방자치단체의 조례를 제정하거나 개정하거나 폐지할 것을 청구할 수 있다. 주민의 일정 비율 이상의 서명을 받아 제출하는 방식으로, 주민 의사를 의회의 의안으로 직접 상정한다는 의미가 크다. 다만 그 후 의사결정에 대한 권한이 주어지지 않는다는 제도적 한계도 존재한다.

학교급식지원 조례 제정 운동은 여러 지역에서 주민 중심으로 전개되었다. '안전한 학교급식', '원산지 표시 강화' 등을 요구하며 조례 제정과 개정에 성공한 사례들이다. 학생의 건강과 안전한 먹거리 제공으로 연결된 주민발의가 현실적 성과를 낸 것으로, 교육 안전 및 건강권과 연결된 대표적인 사례라 할 수 있다.

경기도 성남 지역에서는 시립병원 건립을 요구하여 실제 병원 운영까지 이어진 성남시립병원 설립 사례도 있다. 이는 주민발의의 성공 사례로 평가된다. 이 부분은 뒤에서 자세히 다룰 것이다.

공론장

공론장(Public Sphere)은 자유롭고 평등한 시민들이 사회적 문제를 토론하며 비판적 의견을 형성하고 공적 의사를 형성하는 공간이다. 하버마스(1992)는 공론장을 시민들이 공적 이성에 따라 상호소통하는 장으로 규정했다.

공론장은 다음의 특징을 갖는다.

- 자유롭고 평등한 담론의 장: 시민 누구나 검열 없이 참여할 수 있으며, 이성적 토론과 논증을 통해 의견을 교환한다. 참여자는 위계 없이 대등한 지위를 가져야 하며, 강제나 위협 없이 합리적 설득만 허용된다.
- 시민사회 기반: 공론장은 정당·이익집단·행정·시장과 구분되며, 신문, 미디어, 토론회, 시민단체 등을 통해 일상적으로 형성된다.
- 입법권·정치권력 통제 기능: 공론장은 의회와 정치 제도에 영향력을 행사한다. 법률이 정당성을 가지려면 시민 공론장에서 형성된 의견이 정치 과정에 반영되어야 한다.
- 심의민주주의의 핵심 요소: 심의민주주의(Deliberative Democracy)는 단순한 다수결이 아닌, 정당화된 합의에 이르는 과정 자체를 민주주의의 핵심으로 본다.

대한국민 행복 프로젝트

민주주의는 단순한 다수결이 아니라 정당화된 합의에 이르는 과정 자체가 본질이다. 참여민주주의는 시민의 참여를 촉진하지만, 그 결과가 반드시 정의롭고 평등하지 않을 수도 있다. 그렇기에 민주주의는 자유롭고 평등한 시민들의 공론장을 필요로 하며 시민 역량 강화를 위한 지속적인 노력을 병행해야 한다. 대한민국에서는 신뢰받는 공론장을 만들어 그곳에서 토론을 하는 것만으로 사회적 신뢰를 높일 수 있다.

Part 4

사 례

1
성남시립병원설립 주민조례제정운동

노동조합 전임으로 일하던 시절, 필자가 속한 인하병원이 폐업했다. 고용 보장 투쟁과 지역 공공병원 설립 방안으로 선택한 것이 성남시립병원설립 주민조례제정운동이었다.

까다로운 절차에도 20일 만에 1만 8,525명의 지역 주민들의 서명을 모았으나, 시장과 시의회는 토의 한 번 없이 부결시켰다. 두 번째 주민발의 끝에 조례는 지방자치단체 선거 직전 만장일치로 통과됐다. 그러나 당시 이대엽 성남시장은 시립병원 건립을 미루기만 하였다.

이재명 변호사가 성남시장에 당선되며 시립병원 설립을 추진하였다. 다수를 차지한 성남시의회 야당의 반대로 예산이 삭감되는 우여곡절 끝에 병원은 건립되었으나 개원은 은수미 시장 이후로 미뤄졌다.

성남시립병원은 문을 열었으나 인하병원 조합원들의 고용 문제는 외면당했다.

인하병원 폐업

2003년 한진그룹은 경기도 성남시 수정구 소재 종합병원인 인하병원의 폐업을 결정했다. 이는 후에 인하병원이 된 한미병원을 한진그룹이 인수하는 과정에서 발생한 오랜 소송전에서 한진그룹이 패소하여 인하병원이 인수 전 소유주였던 한미병원 측으로 넘어간 데 따른 것이다. 한미병원 측은 병원을 운영할 생각이 없었고, 적절한 재정 보상을 전제로 협상할 의사만 있었다. 한진그룹은 이미 인천 지역에 인하대학교 부속병원이 존재한다는 이유로 성남 지역 인하병원 운영을 위한 추가 재정 투입을 하지 않기로 하면서 폐업을 결정했다.

노동조합 폐업투쟁

2003년 6월 10일, 인하병원 노동조합은 '인하병원 폐업 저지와 고용안정 쟁취를 위한 비상대책위원회'를 구성하고 전 직원 결의대회를 시작으로 폐업 철회를 위한 다양한 활동을 진행했다.

노동조합은 "인하병원은 성남시 구시가지 소재 유일한 대학병원이다. 의사 충원 등 투자가 이뤄진다면 경영 호전은 가능하다. 적자 경영은 인천 인하대병원의 개원 준비를 위한 우수 의료진 전출과 개원 준비 비용을 인하병원이 부담했기 때문"이라고 주장했고, 직원들도 동의했다.

노동조합은 성남시민들과 함께하는 투쟁이 필요하다고 판단하여 '성남시민에게 드리는 글'을 발표하고, 성남시민 10만 명 서명운동을 전개하며 여론을 형성했다.

한진그룹은 2003년 7월 10일 폐업을 통보했고, 직원들은 8월 20일 자로 정리해고되었다. 인하병원 폐업으로 가장 큰 피해를 본것은 신규 간호사들이었다. 예비 합격 간호사들은 출근조차 하지못한 채 직장을 잃었고, 600여 명의 직원이 정리해고되어 수천 명의 가족들이 생계 수단을 잃게 되었다.

노동조합은 한진그룹과 인천 인하대병원을 대상으로 폐업 철회

집회를 진행했고, 성남시민들에게 인하병원 폐업이 시민 건강권 훼손으로 이어질 수 있음을 알리며 서명운동을 전개했다. 또한 지역 국회의원, 도의원, 시의원들에게 인하병원 폐업 철회를 위해 나설 것을 요구했다.

2003년 7월 7일, 성남시의회는 특별결의안을 통해 '성남시 인하병원 폐업 철회 및 구시가지 의료시설 대책 촉구 결의안'을 통과시켰다. 결의안은 성남시장에게 "성남시 기존 시가지와 분당 간 도시환경 격차로 인한 시민 소외감과 불균형적 의료시설로 인한 건강과 행복 저해를 막을 대책을 강구하고, 기존 시가지 대형 종합의료시설 유지와 함께 시립병원 유치 등을 통해 시민의 건강을 최우선으로 하라"라고 촉구했다. 이는 최초로 시립병원 설립이 공식 언급된 계기였다.

시민대책위원회 구성

인하병원이 폐업된 이후, 성남시 수정구에 있던 종합병원 성남병원마저 경영상 이유로 분당의 소규모 의원급 수준으로 축소 운영하며 종합병원을 폐업했다.

성남시는 수정구·중원구의 구시가지와 분당구의 신시가지로 나뉘어 있다. 분당구에는 분당서울대병원, 차병원, 분당제생병원 등 대형병원이 다수 존재했다. 그러나 구시가지인 수정구와 중원구에는 3개의 종합병원 중 인하병원과 성남병원이 동시에 폐업하면서 의료공백 사태가 발생했다. 이에 대응하기 위해 노동조합을 중심으로 시민단체와 개인 인사들이 참여한 범시민대책위원회가 구성되었다. 공동집행위원장으로는 당시 성남사회단체연대회의 집행위원장이던 이재명 변호사(제21대 대통령)와 인하병원 노동조합 김경자(필자, 당시 보건의료노조 경기지역본부장)가 선출되었다.

인하병원 폐업 반대 서명은 성남시민들의 열렬한 호응을 얻어 한 달 만에 10만 명을 넘어섰다. 2003년 7월 25일에는 보건복지부에 서명지를 전달하며 정부의 역할을 촉구했다. 인하병원 노동조합과 범시민대책위는 성남시민들이 직접 참가하는 걷기대회를 기획했고, 이는 월드컵 응원 이후 가장 많은 인파가 모인 행사였다.

범시민대책위가 주최한 공청회에서 발제자 이창수 경원대 도시계획과 교수는 "성남시는 구시가지와 신시가지 간 분리가 심하다. 병원 건물은 공공자원으로 보호되어야 하며, 수익에 문제가 있다면 공공재적 측면에서 손실을 보전해야 한다"라고 제안했다.

김용익 서울대 보건대학원 교수(제19대 국회의원, 2018~2021 국민건강보험공단 이사장, (재)돌봄과미래 이사장)는 "병원이 수익성에만 매달리면 공공성에 어긋난다. 대학병원이라고 해서 과잉진료를 하지 않는다는 보장은 없다. 한국에서 세금으로 가장 하지 않는 일이 바로 건강과 의료 지원이다. 일본에서는 시민들이 좋은 병원을 짓는 것을 가장 강력히 요구하고, 지방의회에서도 이를 반대하는 의원은 없다. 한국에서도 시민들이 강력히 요구해야 한다"라고 주장하며 공공병원 설립의 정당성을 강조했다.

당시 인하병원 노동조합 김선우 위원장은 "어떤 병원을 짓든 해고자들의 고용 문제가 중요하다. 병원 건립과 함께 해고자 대책 마련이 반드시 필요하다"라고 요구했다.

주민조례운동 제안

노동조합은 두 가지 방향을 놓고 고민했다. 하나는 인천 인하대병원으로의 고용 승계 투쟁, 다른 하나는 인하병원 부지에 공공병원을 세워 의료공백을 해소하는 운동이었다. 김경자는 학교급식 조례제정운동을 모델로 하는 '성남시립병원설립 주민조례제정운동'을 제안했다. 노동조합은 간부회의와 조합원 간담회를 거쳐 '성남시립병원설립 주민조례제정운동'으로 방향을 정하고 시민대책위원회에 제안했다.

노동조합은 전남지역에서 진행된 '학교무상급식 주민조례제정운동' 사례를 교육받았다. 학교급식지원조례는 이후 전국적인 무상급식 확산의 계기가 되었다. 주민발의를 성사시키기 위해서는 성남시민 1만 1,000명 이상이 3개월 안에 서명해야 했다. 이에 따라 시민대책위원회를 해산하고 '성남시립병원설립을 위한 범시민추진위원회(이하 추진위)'를 발족하며 본격적인 시립병원 설립 운동을 시작했다.

1차 주민조례제정운동

이재명 변호사를 청구인 대표로 세우고 시민들에게 조례 청원 서명을 받았다. 지역주민들은 흔쾌히 주민등록번호까지 기입하며 서명에 동참했다. 20일 만에 1만 8,525명의 서명을 받아 법적 기준을 충족했다. 성남시청에 전국 최초의 주민발의 공공병원 설립을 요구하는 성남시립병원 조례 청원서를 접수했다. 성남시는 1만 4,000여 명의 서명이 유효하다고 판단하고 조례규칙심의위원회를 열어 청구서를 통과시켰다. 이후 성남시의회에서 심의·의결하면 조례가 제정될 수 있는 상황이 되었다.

추진위는 2004년 1월부터 동별로 '동추진위원회'를 발족했다. 동추진위원회는 지역 주민들을 모아 '시립병원에 대한 10문 10답'을 교육하고, '주민결의문'과 '시장에게 드리는 글'을 채택했다. 추진위는 시장·시의원 면담 요청, 시립병원 건립 촉구 전화, 시립병원 설립을 방해하는 정치인에 대한 주민소환 운동 전개 경고 등의 활동도 펼쳤다. 또한 『우리뉴스』와 같은 지역 언론과 소통하며 시립병원 설립 관련 활동을 시민들에게 자세히 알렸다.

그러나 성남시장과 성남시의회는 "시립병원은 적자라 운영이 어렵다. 노동조합이 있어 골치 아프다"라는 이유를 내세우며 단한 차례의 심의도 없이 조례 제정을 부결시켰다. 이대엽 성남시장은 자신의 공약으로 시립병원 설립을 내세웠음에도 시의회 부결을 주도했다. 시의회 부결에 항의하던 노동조합과 추진위 간부 수십 명이 경찰에 연행되었고, 그 과정에서 2명이 구속되었다. 이재명 변호사 역시 수배를 피해 지역 교회에 숨어 지내야 하는 상황이 발생했다. 이때 이재명 변호사는 '정치권에게 청원하는 식'의 공공병원 건립운동의 한계를 체감하며 직접 현실 정치에 뛰어들 결심을 하게 된다.

2차 주민조례제정운동

인하병원 노동조합 조합원과 시민단체들은 포기하지 않았다. 2005년, 2차 주민조례제정운동을 전개했다. 하동근 성남환경운동연합 대표를 청구인 대표로 세우고 무더운 여름날 서명을 받기 시작했다. 성남지역 주민들의 시립병원 설립 의지는 여전하여 2차 서명도 무난히 이뤄질 수 있었다.

그 결과, 2006년 3월 13일 성남시의회 본회의에서 조례안은 표결조차 없이 만장일치로 통과되었다. 그러나 이번에도 토론은 진행되지 않았다. 당시 지방선거를 앞두고 있었기에 시장과 시의원들은 선거 전략 차원에서 찬성한 것이었다. 조례는 통과되었으나 이대엽 시장은 임기 내내 성남시립병원 건립을 추진하지 않았다.

이재명 성남시장

노동조합과 추진위는 성남시립병원 설립의 현실적 방안으로 시장 교체를 결심했고, 이재명 변호사가 성남시장에 당선되었다. 그러나 당시 성남시의회는 한나라당이 다수였기에 시립병원 설립 예산을 부결시키며 건립을 방해했다.

시의회를 설득하고 예산을 확보한 다음, 성남시립병원 건립 기공식은 이재명 시장 취임 만 3년이 지나서야 열릴 수 있었다. 성남시립병원(성남시의료원)은 준공 후 2020년 5월에 진료를 시작했다. 이때는 이미 시장이 은수미로 교체된 이후였다.

새로운 시장은 17년 동안 생계를 마다하고 투쟁의 중심에서 시립병원 설립을 위해 헌신했던 인하병원 조합원들에 대해 "인하병원과 시립병원은 직접적인 연관성이 없다"라는 이유로 고용 책임을 회피했다. 결국 인하병원 조합원들은 시립병원 설립운동에 헌신하고도 여전히 병원 밖에 남게 되었다.

현재 성남시장은 의사 출신 신상진(국민의힘)으로, 시립병원을 대학병원에 위탁하려는 계획을 추진하고 있다. 이에 대해 시민단체들은 "시립병원의 대학병원 위탁은 공공의료를 훼손하는 방편"이라며 강력히 반대하고 있다.

대한국민 행복 프로젝트

2025년 대통령 선거에서 이재명 후보는 선거운동 마지막 날, 시립병원 설립 운동으로 수배당해 숨어 지냈던 성남의 한 교회에서 기자회견을 열고 "정치를 시작한 초심으로 대통령직을 수행하겠다"라며 지지를 호소했다. 반면 이준석 후보가 선거운동 기간에 성남시립병원을 방문하자 시민단체들은 "이준석 후보의 방문은 왜곡된 사실에 기초해 정치적 흠집을 내기 위한 대선 행보"라며 반발했다.

성남시립병원은 전국 최초의 주민발의 조례제정운동으로 시작되었지만, 지역주민들의 압도적 지지에도 불구하고 1차 주민조례제정을 부결시키는 과정에서 시장과 시의회는 주민들의 요구를 토론 한 번 열지 않고 철저히 무시하였다. 병원 설립의 찬반 여부는 철저히 정치적 유불리로만 판단되었고, 병원 진료가 시작된 지금도 운영 방식을 두고 정치권의 공방만 이어지고 있다.

주민조례제정운동의 의의

주민발의는 '지방자치법' 개정으로 신설된 제19조(조례의 제정과 개정·폐지 청구)에 근거한 제도다.

① 주민은 지방자치단체의 조례를 제정하거나 개정·폐지를 청구할 수 있다.

② 청구권자, 청구대상, 청구요건 및 절차 등은 따로 법률로 정한다.

즉, 주민발의는 주민들이 조례를 직접 제정·개정·폐기할 수 있는 권리를 가지며, 일정 비율 이상의 서명을 받아 제출할 수 있다. 주민 의사를 의회 안건으로 직접 상정한다는 점에서 의미가 크다. 그러나 실제로는 그 이후 의사결정 권한이 주민에게 주어지지 않는다는 한계가 있다.

박현희는 박사 논문에서 주민발의로 조례 심사를 진행하는 성남시의회가 심의조차 하지 않고 보류·부결하다가, 지방선거가 임박하자 또다시 아무런 토론 없이 만장일치로 조례를 통과시키는 등 토의민주주의의 본질을 찾아보기 어려웠다고 비판한다. 논쟁과 토론은 실종되어 있었다.

대한국민 행복 프로젝트

이러한 한계를 넘어 조례 제정을 이뤄내고 성남시의료원 건립을 성공시킨 '성남시립병원설립 주민조례제정운동'의 성공 요인은 다음과 같다.

인하병원 폐업으로 인한 정리해고와 실직 위기에 직면한 조합원들의 헌신적인 활동, 성남시 구시가지와 신시가지 간의 지역 불균형에 대한 구조적 불만 그리고 의료시설 부족으로 인한 상대적 박탈감을 해소하려는 시민사회의 지속적 노력이었다. 병원 폐업 철회를 위한 노동운동이 시민운동과 결합하며 연대운동으로 발전한 것이다.

성남시 정부와 시의회의 물갈이 필요성을 절감한 시민운동가들과 성남시민사회단체들은 제도권 진출이라는 새로운 대안을 구상하게 되었고, 이는 성남시 정치경쟁 구도의 변화를 가져오는 시발점이 되었다.

참여민주주의와 공론장

주민발의로 공공병원이 개원하기까지 17년이 걸린다면, 이런 방식의 참여민주주의적 정책은 지속가능하기 어렵다. 성남시립병원 설립 사례는 참여민주주의의 어려움을 잘 보여준다.

주민발의와 같은 참여민주주의 제도의 실효성을 확보하려면 합법적 공론장이 마련되어야 한다. 주민들의 요구에 대해 공개적으로 토론하고 정치권은 공식적으로 응답하도록 강제해야 한다. 찬성과 반대의 근거를 명확히 밝히도록 해야 한다. 또한 참여민주주의가 제대로 작동하기 위해서는 시민 의견을 경청하는 자질을 갖춘 정치인을 양성하고, 동시에 시민들의 역량을 강화해야 한다.

성남 사례를 통해 제안하는 공론장과 거버넌스가 바로 <시민참여 거버넌스>다.

2
외국 참여민주주의 사례

「세계행복보고서」에서 8년 연속 1위를 기록한 핀란드는 코로나19 초기 위기 속에서도 국민의 경험과 의견을 직접 듣는 '봉쇄대화(Lockdown Dialogues)'를 통해 정책 신뢰와 통합을 이끌었다. 이는 단순한 의견 수집이 아닌 정책 변화를 만들어낸 시민 참여형 민주주의 사례였다.

또 아일랜드는 무작위 추출 시민들로 구성된 '시민의회(Citizens' Assembly)'를 통해 낙태·기후변화 등 논쟁적 현안을 숙의와 권고안으로 다루어 실제 입법을 촉진했다.

핀란드 봉쇄대화

UN 「세계행복보고서」에서 핀란드는 8년 연속 1위를 차지했다. 설문조사에 참여한 갤럽 전문이사 일라나 론 레비(Ilana Ron Levy)는 그 이유를 "다른 사람에 대한 믿음, 미래에 대한 낙관주의, 제도에 대한 신뢰, 친구와 가족의 지원" 덕분이라고 밝혔다. 제도에 대한 신뢰를 높이기 위해 핀란드 정부가 실시한 중요한 정책 중 하나가 바로 '봉쇄대화(Lockdown Dialogues)'였다.

코로나19 팬데믹으로 갑작스럽게 봉쇄와 사회적 거리두기 정책이 시행되자 시민들의 불안과 불만이 커졌다. 핀란드 정부는 단순히 지침을 내리는 데 그치지 않고, 시민들이 직접 겪은 경험·감정·의견을 듣기 위해 봉쇄대화를 진행했다. 이러한 과정을 통해 수집된 의견은 실제 정책 과정에 반영되었고, 정책에 대한 신뢰를 높였다는 평가를 받았다. 핀란드 정부는 "사회는 더 많은 대화를 필요로 한다. 이러한 대화는 경청하고, 자신의 통찰을 공유할 수 있도록 한다"라고 강조했다. 대화의 핵심은 자신의 의사를 관철하는 것이 아니라, 경청과 통찰 공유에 있다는 것이다.

봉쇄대화의 특징은 다음과 같다.

- 주제: 일상생활, 정신 건강, 일자리·경제, 교육, 노인 돌봄, 미래에 대한 불안 등 다양함
- 참여: 무작위 참여자와 공개 참여자를 혼합하여 특정 집단에 국한되지 않고 일반 국민 누구나 참여하도록 설계
- 방식: 온라인 플랫폼을 활용해 화상회의, 디지털 협업 툴 등을 적극적으로 사용
- 결과: 토론 결과는 정책보고서 형태로 국무총리실 및 관련 부처에 제출. 이는 돌봄 정책, 교육 방식, 보건소 대응 등에 반영됨

봉쇄대화는 단순한 '의견 수집'이 아니었다. 보고서 요약은 국가 차원의 팬데믹 대응 및 코로나19 종식 계획 수립에도 활용되었으며, 지자체와 고위 정부 간부들에게 전달되어 정부 내부의 대화 지향과 대화 구조 개발을 가속화했다.

2020년 4월부터 2021년 12월까지 총 13라운드, 296개의 토론이 열렸고 2,130명이 참가했다. 핀란드 교육평의회, 법무부, 재무부, 총리실, 시민단체 등이 협력하여 진행했고, 운영은 '대화 아카데미'와 '타임아웃 재단' 전문가들이 맡았다.

\<건설적인 토론의 기본 원칙(타임아웃 재단)\>
- 다른 사람의 이야기를 경청하고, 말을 끊거나 불필요한 토론을 시작하지 않는다.

- 다른 사람의 이야기에 참여하고, 구어체로 대화한다.
- 자신의 경험을 이야기한다.
- 다른 사람에게 직접 질문하고 견해를 묻는다.
- 참여하고, 타인의 발언을 존중하며, 대화의 비밀을 지킨다.
- 탐색하고 발전시킨다. 새로운 갈등을 과감히 해결하고 숨겨진 부분을 찾는다.

참가자는 직장 팀, 취미 그룹 등 다양한 배경을 가진 사람들이었으며, 단일 원격 대화에는 보통 3~10명이 참여했고, 지역 단위 대화는 그보다 큰 규모로 운영되기도 했다.

"토론에서 엄청난 신뢰감이 형성되었습니다."
"당신은 혼자가 아닙니다."
"상대방의 눈을 바라보며 그들이 마음을 열고 기꺼이 들어줄 것이라는 것을 보는 것은 감동적입니다."
"토론을 통해 전달된 깊이 있는 상호작용과 상호 지원 덕분에 큰 힘을 얻었습니다."

또한 언론에 대한 비판도 나왔다.

"언론이 선정적인 헤드라인과 콘텐츠를 동시에 쏟아내는 상황에

대한국민 행복 프로젝트

서 주민들이 어떻게 정확하고 신뢰할 수 있는 최신 정보를 얻도록 보장할 수 있을까요? 언론이 정보의 가치보다 돈에 더 집중하는 현실이 우려스럽습니다."

봉쇄대화는 평등한 토론의 장을 마련하여 사람들 사이의 신뢰를 쌓고 교량을 만드는 데 성공했다.

아일랜드 시민의회

아일랜드는 입법을 담당하는 의회(Oireachtas)와 별도로 시민의회 (Citizens' Assembly)를 두고 있다. 시민의회는 양원의 결의로 설립되었으며, 복잡한 사회 이슈에 대해 숙의하고 권고안을 제시한다. 낙태, 고령화, 기후변화 등 특정 주제를 정해 6개월~1년 동안 심층 토론을 진행하며, 인구통계학적 대표성을 고려하여 무작위로 추출된 약 100명의 시민으로 구성된다.

시민의회 권고안은 정부와 의회가 수용 여부를 결정한다. 회의는 전문가 발제와 토론 후 표결 방식으로 진행되며, 대부분 생중계되고 자료도 공개한다. 개인 숙의 후 다수결로 권고안을 도출한다. 실제로 낙태 합법화(2016), 기후변화 대응(2020), 고령화(2022) 등의 권고안이 국민투표로 이어져 입법을 촉진하는 계기가 되었다.

더블린 시민의회

더블린 시민의회는 2022년 2월, 하원(Dáil Éireann)과 상원(Seanad Éireann) 결의로 공식 설립되었다. 의장은 독립 인사로 선출되었고, 총 80명으로 구성되었다. 이 중 67명은 무작위 선정된 더블린 거주 시민, 12명은 4개 지방자치단체에서 선정된 의원, 1명은 독립 의장이었다. 마지막 회의에서는 전문가·이해관계자·일반 대중의 의견을 바탕으로 심의와 토론을 거쳐 권고안을 마련하고 정부에 제출했다.

아일랜드 헌법협약

'더블린 헌법협약'으로 불린 이 특별 시민의회는 총 100명으로 구성되었다. 의장은 정부가 임명한 독립적 인사로 의결권은 없었다. 구성은 다음과 같다.

- 무작위로 선출된 시민 66명(성별·연령·지역 비율 고려)
- 하원의원(TDs) 29명, 상원의원 4명(총 33명)
- 북아일랜드 정당 대표 1명(전 아일랜드적 참여 상징)

'헌법협약'의 목적은 헌법 개정 필요 주제를 숙의해 권고안을 작성·제출하는 것이었다. 논의 주제는 동성결혼 합법화, 대통령 임기 단축, 투표 연령 하향, 여성의 정치 참여 확대 등 8개였다. 특히 동성결혼 합법화 권고가 국민투표에 부쳐져 2015년 압도적 찬성으로 통과되면서 아일랜드는 세계 최초로 국민투표를 통한 동성결혼 합법화 국가가 되었다.

최근 대한민국에서는 헌법 개정의 움직임이 크다. 헌법 개정 내용과 필요성에 대해 아일랜드 헌법협약 방식의 <시민참여 거버넌스>를 구성한다면 유의미한 논의가 가능할 것이다.

남호주 시민배심원단

남호주 최초의 시민 배심원단은 2013년 애들레이드에서 소집되어 '안전하고 활기찬 나이트라이프(Night Life)를 보장하는 방법'을 논의했다. 무작위로 선정된 43명의 시민이 6개월 동안 회의를 열고 정부에 7가지 권고안을 제시했다.

시민배심원단은 전문가의 의견을 듣고 특정 문제에 대해 심의·의사결정을 내렸다. 심의 과정에서 상인협회, 지역 기업, 정부 부처, 일반 대중 등 이해관계자의 의견을 수렴했으며, 필요할 경우 전문가 증인을 소환해 추가 정보를 제공받았다.

이 제도에서 가장 주목할 점은 '초대다수결 투표 제도(80%+1)'의 활용이다. 즉 전체 투표자의 80% 이상 + 1명(예를 들면 100명 중 81명이 아닌 82명)이 찬성해야 의결이 통과되는 방식이다. 이는 헌법 개정, 국가 분리·통합, 자치권 확대 같은 중대한 사안을 단순 다수결로 결정할 경우 발생할 수 있는 사회적 분열을 방지하기 위한 장치다. 가능한 한 압도적 합의에 도달했을 때만 결정을 내리도록 한 것이다.

캐나다 온타리오시민배심

캐나다 온타리오에서는 장기요양, 보건의료, 기후변화 등을 주제로 무작위 선발된 시민들이 수주 동안 숙의 후 권고안을 작성했다. 토론 과정에서는 전문가 발표와 시민 학습 시간을 충분히 확보했고, 대규모 토론을 통해 결론을 도출했다.

2008~2010년 동안 운영된 시민배심은 온타리오 보건기술평가위원회(OHTAC)와 의료자문국(MAS)에 사회적·윤리적 가치 기반의 조언을 제공하는 목적으로 설치되었다. 온타리오 각 지역 대표에서 무작위로 추첨된 14명의 시민(LHIN 지역별 각 1명)이 참여했으며, 성별·연령 등 인구 구성을 반영하여 선발되었다.

프랑스 기후시민회의

마크롱 대통령 요청으로 기후변화 대응 정책을 제안하기 위해 150명의 시민이 무작위·층화 샘플링(지역, 연령, 성별, 학력 등 대표성 반영)을 통해 선발되었다.

2019~2020년 9개월간 7회, 주말 숙의를 진행하며 '내연기관 자동차 금지' 등 149개 권고안을 마련했고, 이 중 일부는 실제 법제화되었다.

독일 기후시민회의

독일의 기후시민회의는 2021년 무작위로 선발된 160명의 시민이 12주간 학습과 토론을 거쳐 권고안을 제안한 사례다. 주요 정당과 전문가 그룹이 협조했고, 온·오프라인 병행 방식으로 운영되었다.

외국의 공론장 방안

외국의 다양한 사례는 대한민국에도 중요한 시사점을 준다.

핀란드는 코로나 팬데믹 상황에서 봉쇄 정책을 단순 강제하기보다, 국민과 함께하는 대규모 대화를 통해 정책 신뢰도를 높였다. 봉쇄대화는 시민의 경험·감정·의견을 직접 듣고 정책에 반영해 신뢰를 얻은 대표적 사례다. 대한민국에서도 이 방식을 벤치마킹해 '세금과 복지'를 주제로 한 대규모 시민대화를 열고 심층 토론을 거쳐 사회적 합의를 도출할 필요가 있다.

핀란드의 사례에서 확인되는 전제 조건은 다음과 같다.

- 정부의 의지: 법무부, 재무부, 총리실 등 정부 기관이 참여해 책임 있는 역할을 수행해야 한다.
- 전문 네트워크: 대화아카데미, 타임아웃재단과 같은 전문 지식·활동 네트워크가 필요하다.
- 개방성과 신뢰: 누구나 참여할 수 있는 개방성과 플랫폼 신뢰성이 확보되어야 대화 결과에 대한 수용성이 높아진다.
- 정치적 자유: 대화 과정에 정치적 이해관계나 권력 구조가 개입되지 않아야 한다.

시간과 유연성: 대화는 즉각적 해결책을 내놓는 것이 아니라 변화에 유연하게 대응하는 과정임을 인식해야 한다.

아일랜드 시민의회 방식도 본받을 만하다.

- 복잡한 사회 이슈에 대한 숙의와 권고안 제시
- 무작위로 추출된 일반 시민으로 구성
- 회의 생중계 및 자료 공개
- 숙의 후 다수결 권고안 도출
- 권고안은 정부와 의회가 수용 여부 결정

최근 대한민국에서는 헌법 개정의 움직이 크다. 헌법 개정 내용과 필요성에 대해 아일랜드 헌법협약 방식의 〈시민참여 거버넌스〉를 구성한다면 유의미한 논의가 가능할 것이다.

공론장에서 남호주 배심원단의 '초대다수결 투표 제도(80%+1)'를 주목한다. 즉 전체 투표자의 80% 이상+1명(예를 들면 100명 중 81명이 아닌 82명)이 찬성해야 의결이 통과되는 방식이다. 이는 헌법 개정, 국가 분리·통합, 자치권 확대 같은 중대한 사안을 단순 다수결로 결정할 경우 발생할 수 있는 사회적 분열을 방지하기 위한 장치이기 때문이다.

대한민국 역시 〈시민참여 거버넌스〉를 외국의 다양한 사례처

럼 무작위 추출된 시민대표들이 주요 의제를 논의·토론하고, 권고
안을 제시하는 제도를 마련할 필요가 있다.

대한국민 행복 프로젝트

행복은 정부 성과의 최종 지표이자 사회정책의 목표다. 그러나 단순한 기술적 행정 역량만으로는 충분치 않으며, 민주주의의 '참여와 책임성' 이 국민 행복에 더 큰 영향을 미친다.

권력 남용과 민주주의 훼손을 막기 위해서는 열린 공론장이 필요하다. 무작위 추출 시민이 참여하는 <시민참여 거버넌스>를 통해 증거 기반 토론을 보장하고, 정부는 결과에 책임지는 구조를 갖춰야 한다. 이는 극 단을 줄이고 신뢰를 회복하는 장치가 된다. 더 나아가 대통령 직속의 '대한국민 행복 프로젝트'를 가동해 모든 정책을 국민 행복 중심으로 재 편하고, 수도권 집중·저출생·기후위기 같은 과제에 대응해야 한다. 국 민과 정부가 함께 '행복한 대한국민'을 만들어가는 길이 바로 이 프로젝 트의 목표다.

신뢰받는 공론장

누구나 행복한 삶을 바란다. 사회정책은 사회 구성원이 사회적 위험으로 낙오되지 않고 자신이 바라는 삶을 살 수 있도록 돕는 복지국가의 주요한 수단이다. 개인화된 사회에서는 공동체가 해체되고, 물질적 삶의 여건을 넘어서는 다차원적 삶의 질에 대한 새로운 사회적 요구가 증대한다. 행복은 대체로 정부 정책이나 행정활동의 궁극적 성과라 할 수 있으므로, 정책 설계자들은 정책이 궁극적으로 시민의 행복을 가져오는지를 고려해야 한다(김필·최한별, 2022).

정부의 효과성, 규제의 질, 법의 지배, 부패 통제 등 정부의 기술적 질이 행복과 상관관계를 갖는다는 연구 결과도 있다(Ott, 2010). 즉 정부의 노력이 국민 행복에 큰 영향을 준다는 것이다. 그러나 정부의 기술적 질보다 민주주의 혹은 민주적 질이라 할 수 있는 '참여와 책임성'이 행복 증진에 더 중요하다는 연구도 있다(우창빈, 2014a; Woo, 2018). 결국 순위는 달라도 민주적 질과 정부의 기술적 질을 함께 높이려는 노력이 국민 행복으로 이어진다.

윤석열 전 대통령 시기, 대통령 권력이 사적 이익과 패밀리 호의호식에 이용되고, 민주주의가 군의 총칼에 짓밟히는 계엄령을 경험했다. 이런 정권이 재탄생하지 않도록 막는 것이 행복한 삶의 기본적 조건이다. 이를 위해 계엄을 함부로 발동할 수 없도록 헌법과 법 개정이 필요하며, 동시에 시민 역량을 강화해야 한다. 그 방안으로 제안하는 것이 바로 '신뢰받는 공론장'이다.

정치 양극화와 과잉 팬덤정치를 극복하고 민주주의 활력을 되찾기 위해서는 열린 공론장이 중요하다. 다른 정치세력에 대한 관용과 절제, 대화와 타협이 모색될 때 민주주의 위기를 극복할 수 있다. 좌우 이분법은 더 이상 유효하지 않으며, 기성의 좌파·우파를 넘어 새로운 길로 나아가야 한다. 구체적으로는 대화민주주의가 필요하다. 공론장은 사람들이 직접 만나 토론하고 협력하며 상호 신뢰를 회복하는 장치로 작동한다. 시민참여 숙의 과정은 공동체 연대와 사회적 신뢰를 증진시키는 효과가 있다.

제임스 피시킨(J. Fishkin)은 무작위 추출, 균형 정보, 숙의 기회 같은 절차적 장치를 강조하며 이를 통해 공론장이 신뢰를 얻는다고 했고, 로버트 퍼트남(R. Putnam)은 사회적 신뢰를 민주주의의 기반으로 보며, 공론장이 그 신뢰를 회복·강화하는 장치라고 보았다. 따라서 '신뢰받는 공론장'으로 무작위 추출 방식의 <시민참여 거버넌스> 구성을 제안한다. 이 거버넌스에서의 토론은 반드시 증거 기반이어야 하며, 신뢰할 수 있는 데이터·연구·증거에 근거해야 한다.

<시민참여 거버넌스> 운영방식

- 인구사회학적으로 대표성 있는 시민을 무작위 추출 방식으로 선발한다.

- 중립적 전문위원회를 운영해 의제별 전문가·이해관계자가 자료 제출과 설명을 담당한다.

- 디지털 참여 플랫폼과 결합해 생중계로 공론장을 공개하고 일반 시민 참여를 확대한다.

- 결론은 '압도적 다수(super-majority)' 방식으로 결정한다. 결론보다 토론 과정을 신뢰받는 공론장으로 만드는 데 중점을 둔다.

- 정부(집행권자)는 공론장 결론에 대해 수용 여부를 공개적으로 밝혀야 한다.

평화와 통일을 위한 사회적 대화

2018년 8월, 진보·중도·보수 시민사회단체와 7대 종교가 참여해 '평화와 통일을 위한 사회적 대화'를 시작하였다. 이후 4년간 ▲통일국민협약안 마련 ▲숙의모형·의제·교재 개발 및 퍼실리테이터 육성 ▲지역 주민·활동가·종교인과 함께하는 대화 ▲제도화를 위한 국회 초당적 모임 등을 추진했다. 2023년까지 6년간 약 1만 명의 시민이 사회적 대화를 경험했다.

사회적 대화는 국민 참여 숙의를 기반으로 통일국민협약이라는 사회적 합의를 마련하기 위해 실행되었다. 정당성 확보를 위해 해외 사례를 참고했다. ▲네덜란드·오스트리아의 사회협약(노·사·정 합의 중심) ▲독일 보이텔스바흐 협약(좌우 갈등 완화를 위한 교육 합의) ▲아일랜드 시민의회(논쟁적 사회현안 숙의·권고) 등이다.

2020년 권역별 대화 시민참여단은 19세 이상 성인 남녀 모집단을 지역·성별·연령별로 층화해 추출했으며, 이념 성향 분포도 보정 변수로 삼았다. 2020년 종합대화는 100명 구성을 목표로 120명을 추출해 102명이 최종 참여했다. 이런 방식으로 대표성과 정당성을 확보했다.

사회적 대화에서는 80% 동의한 것만 최종 합의에 포함했다.

100% 합의가 이상적이지만, 논쟁적 사안의 경우 60~80%의 압도적 다수 결정을 적용했다. 이는 사회적 대화가 통일국민협약 도출뿐 아니라 남남갈등 완화라는 목적도 지녔기 때문이다.

참여자들은 스스로 한반도 평화를 저해하는 문제를 규명하고 변화를 모색하며 토론·공감·합의를 통해 인식을 향상시켰다. 다만 100명 남짓한 결과를 국민적 합의로 볼 수 있느냐는 한계가 있다.

평화구축은 구성원 스스로 필요를 확인하고 변화를 합의하는 과정이다. 한반도 평화를 위한 사회적 대화 역시 참여·역량형성·상향식 접근을 필요로 한다(정주진, 2022).

평화와 통일을 위한 사회적 대화는 시민사회단체와 7대 종교가 진행하여 제도화하는 한계가 있음에도 사회적 대화의 진행 방식은 시민 참여를 극대화하며 남남 갈등 완화를 위한 협약 도출 방식 등 형식에 있어 모델로 삼을 만하다. 이런 사회적 대화를 반복적으로 실행하여 더 많은 시민 참여가 이뤄지길 바란다.

이재명 정부 국가시민참여위원회

이재명 정부 5개년 계획에 따르면 '시민참여와 숙의 및 시민사회 활성화에 관한 기본법'을 제정하고, 이에 근거한 국가시민참여위원회를 설치한다. 위원회는 부처에 흩어진 시민참여·민주시민교육·시민사회 활성화 업무를 전담하며, 시민참여 보장, 국정·공익활동 종합계획 수립·시행·평가·개선 권고 및 제도개선을 추진한다. 주요 의제별로 국민공회(가칭)를 구성하고 숙의 공론 프로세스를 운영하겠다는 방침이다.

이 계획이 성공하려면 국가시민참여위원회의 목표를 명확히 '대한국민 행복'으로 두고 위원회를 운영할 것을 요청한다. 또한 위원회는 일반시민으로 무작위 추출방식으로 인구사회학적 대표성을 고려하여 선발한 <시민참여 거버넌스>로 구성할 것을 제안한다. 성급한 결론은 지양하되 정부가 결론에 책임지고 답하는 구조가 필요하다. 회의를 생중계해 일반 시민 참여를 보장하는 것도 필수적이다.

대한국민 행복 프로젝트

행복은 복잡하고 다층적인 문제로, 정부의 노력만으로는 충분하지 않을 수 있다. 따라서 전통적 기술적 접근에서 벗어나 새로운 방안이 필요하다. 이에 '대한국민 행복 프로젝트'를 제안한다.

대통령이 직접 대국민 담화를 통해 프로젝트를 알린다. "정부는 국민 행복을 중심에 두고 행복지수를 높이는 데 최선을 다할 것이다. 또한 국민이 행복한 방향에 대한 결정도 국민 스스로 하도록 할 것이다"라고 천명하고, 국민들에게도 함께 노력해줄 것을 요청한다. 사회 전반의 대화를 '돈' 중심에서 '행복' 중심으로 옮겨야 한다.

〈프로세스〉

- 대통령 직속 '대한국민 행복 프로젝트' 설치 – 컨트롤타워 역할 수행
- 정부 주요 정책 방향 결정 회의에 〈시민참여 거버넌스〉 도입 – 인구사회학적 대표성 고려, 무작위 추출 시민으로 구성
- 거버넌스 시민들은 모든 정책을 '국민 행복 증진' 관점에서 숙의
- 중립적 전문위원회가 전문자료 제공·설명 보조
- 거버넌스 과정을 디지털 참여 플랫폼과 결합, 생중계해 일반 시민 참여 확대

- 결론은 무리한 도출을 지양하고, 80% 이상 압도적 다수 결정 방식 채택
- 정책 집행 책임자는 시민참여 거버넌스 결론에 대한 반영 여부와 판단 근거를 국민 앞에 공개적으로 설명
- 집행 책임자가 결론과 다른 판단을 내릴 경우, 동일 주제에 대해 다시 숙의 과정 진행
- 거버넌스 전 과정에 대해 보고서를 작성·평가하고 개선 방안 마련

대한민국 주요 과제에 대해 다양한 의제별 프로젝트를 가동하자. 그리고 주요 의제를 묶어 하나의 프로젝트로 토론할 수 있다. 예를 들어 수도권 집중 현상은 저출생의 주요 원인이라는 연구 결과가 있다. 지방을 살리려면 지역에 좋은 학교·좋은 병원·좋은 직장이 있어야 한다. 교육개혁은 제일 어려운 의제 중 하나다. 교육과 지역의 좋은 일자리 통한 수도권 집중완화 방안을 묶어 프로젝트를 할 수 있다.

무작위 추출 시민들로 구성한 의제별 <시민참여 거버넌스>를 끊임없이 작동시킬 때, 비로소 우리는 행복한 대한국민으로 나아가는 길에 우뚝 설 것이다.

맺음말

이 글은 '행복한 대한국민'이 되고자 하는 제안서다. 형식과 주제는 조금씩 달라도 결론은 단순하다. '대한국민 행복 프로젝트'를 가동하여 일상에서 '행복'을 회자하고, 국민과 정부가 함께 행복을 만들어가자는 것이다. 중요한 정책 결정은 시민들이 '국민 행복 제고'를 중심에 두고 <시민참여 거버넌스>를 구성하여 결정하도록 하자는 것이다.

행복의 길로 성큼 걸어가자!

참고문헌

- 「2024년 청년의 삶 실태조사」한국보건사회연구원·(주)한국리서치
- 「2023년도 노인실태조사」보건복지부 한국보건사회연구원
- 「2010년 기후변화행동연구소」(건강할 권리 김창엽 재인용)
- 「2018 국민행복지표 개발 연구」한국개발연구원
- 「국민 삶의 질 보고서, 2023」통계청
- 「국민 삶의 질 보고서, 2024」통계청
- 보건복지부 「2023년 고립·은둔 청년 실태조사」
- 국무조정실 「2024년 청년의 삶 실태조사」
- 이창근, 김선철, 류승민, 탁선호 「기후위기와 노동」민주노동연구원 민주노총 총서 2021-08, 135~136
- 김상아(2018) 「국민행복지수를 높이는 문화복지정책 연구－덴마크 등 북유럽 국가 사례를 중심으로」
- 경향신문 사설 (https://v.daum.net/v/20250805182703226)
- 김누리 중앙대학교 인문대학 독일어문학 전공 교수 (https://www.jnilbo.com/76936273189)
- 김서중 성공회대학교 미디어콘텐츠융합학부 교수 「저널리즘 살려야 극우를 막는다」

(https://www.ohmynews.com/NWS_Web/Series/series_premium_ pg.aspx?CNTN_CD=A0003117385)

- 뉴질랜드 총리 저신다 아던(Jacinda Ardern) 2019/2020 'THE WELLBEING BUDGET'

  (https://www.treasury.govt.nz/sites/default/files/2019-06/b19-wellbeing-budget.pdf)

- 데이비드 G 마이어스(2008) 마이어스 『주머니 속의 행복 시그마북스』

- 동아비즈니스리뷰 '행복을 유전으로 남기려면'(2017)

  (https://dbr.donga.com/article/view/1205/article_no/7979/ac/search)

- 라파엘 라시드(2022) 『우리가 보지 못한 대한민국』 민음사

- 안톤 숄츠(2022) 『한국인들의 이상한 행복』 문학수첩

- 이스털린(Easterlin) Paradox

  (https://docs.iza.org/dp13923.pdf?utm_source=chatgpt.com)

- 니컬러스 A 크리스태키스, 제임스 파울러(2010) 『행복은 전염된다』 김영사

- 이주호(고려대 노동문제연구소 선임연구위원) 오마이뉴스(2025.07.10.) 기고 '국민 복지 측정: 2018년 영국 삶의 질'

- 「세계기상기구(WMO) 연례 보고서(GADCU)」

- 한겨레신문 (https://v.daum.net/v/20250529121008012)

- 브뤼셀 자유대학교(VUB)의 기후 과학자들이 주도한 연구

  (https://press.vub.ac.be/will-you-live-an-unprecedented-life?utm_ source=chatgpt.com)

  (https://www.ons.gov.uk/peoplepopulationandcommunity/wellbeing/ articles/measuringnationalwellbeing/qualityoflifeintheuk2018?utm_ source=chatgpt.com)

- Shigehiro Oishi, Selin Kesebir, Ed Diener(2011) 「Income Inequality and Happiness」 Sage Publications, Inc.

- 이내찬(2012) 「OECD 국가의 삶의 질의 구조에 관한 연구」

  (https://www.kihasa.re.kr/hswr/assets/pdf/637/journal-32-2-5.pdf?utm_ source=chatgpt.com

- 정해식(2019) 「한국인의 행복과 삶의 질에 관한 종합 연구 - 국제 비교 질적 연구를 중심으로」 (한국보건사회연구원)」
- 추홍규(2005) 「개인의 행복지수 수준과 결정 요인」
  (http://www.riss.kr/link?id=T10654585&outLink=K)
- 김명소, 김혜원, 한영석, 임지영(2003) 「한국인의 행복한 삶에 대한 인구통계학적 특성별 분석」 한국심리학회지: 일반(Korean Journal of Psychology: General), 2003년, 제22권 제2호, 1-33쪽
- 영국 런던정경대(LSE) 그랜섬 기후변화환경연구소 「기후 변화 소송의 글로벌 동향: 2025년」 스냅샷 (https://www.lse.ac.uk/granthaminstitute/publication/global-trends-in-climate-change-litigation-2025-snapshot/?utm_source=chatgpt.com)
- OECD 2024 How's Life? WELL-BEING AND RESILIENCE IN TIMES OF CRISIS
  (https://www.oecd.org/content/dam/oecd/en/publications/reports/2024/11/how-s-life-2024_bdcf2f9f/90ba854a-en.pdf)
- OECD 2013 『Guidelines on Measuring Subjective Well-Being (2013)』
  (https://www.oecd.org/content/dam/oecd/en/publications/reports/2013/03/oecd-guidelines-on-measuring-subjective-well-being_g1g28641/9789264191655-en.pdf?utm_source=chatgpt.com)
- Pew Research Center What Makes Life Meaningful?(2021) Views From 17 Advanced Economies Family is preeminent for most publics but work, material well-being and health also play a key role BY Laura Silver, Patrick van Kessel, Christine Huang, Laura Clancy and Sneha Gubbala
  (https://www.pewresearch.org/wp-content/uploads/sites/20/2021/11/PG_11.18.21_meaning-in-life_fullreport.pdf)
- Richard A. Easterlin The Easterlin Paradox(2020)
  (https://docs.iza.org/dp13923.pdf?utm_source=chatgpt.com)
- Joseph Stiglitz, Amartya Sen, Jean-Paul Fitoussi(2009) 「Report by the Commission on the Measurement of Economic Performance and Social

Progress」

(https://www.economie.gouv.fr/files/finances/presse/dossiers_de_
presse/090914mesure_perf_eco_progres_social/synthese_ang.pdf?utm_
source=chatgpt.com

- Fabian et al. (2022)「Respecting the Subject in Well-Being Policy: Beyond the
  Social Planner Perspective」Journal of European Public Policy
- Di Tella et al. (2003)「The Macroeconomics of Happiness」(Review of
  Economics and Statistics
- SBS 헌법재판소 기후위기 판결 (https://v.daum.net/v/20240829171228125)
- 「IPCC 6차 보고서」
  (https://www.ipcc.ch/report/ar6/syr/downloads/report/IPCC_AR6_SYR_
  LongerReport.pdf)
- Atlas Magazine 2025년 7월호
  (https://www.atlas-mag.net/en/article/munich-re-natural-catastrophe-losses-
  to-30-june-2025?utm_source=chatgpt.com)
- 미국 시카고대학(University of Chicago) 연구진「온도가 생산성과 노동 공급에
  미치는 영향: 인도 제조업의 증거」
- 「The Impact of Temperature on Productivity and Labor Supply: Evidence from
  Indian Manufacturing」 E. 소마나단, 로히니 소마나단, 아난트 수다르샨, 미누 테
  와리
  (https://bfi.uchicago.edu/working-paper/the-impact-of-temperature-on-
  productivity-and-labor-supply-evidence-from-indian-manufacturing/?utm_
  source=chatgpt.com)
- 「Changbin Woo , Hyejin Jung (2022)「The Impact of Social Enterprises on
  Individual Wellbeing in South Korea: The Moderating Roles of Social Capital
  in Multilevel Analysis」Social Indicators Research (2022년, vol. 159(2), pp 433-
  454)
- Nancy M. Wells & Gary W. Evans「Nearby Nature: A Buffer of Life Stress among
  Rural Children」Environment and Behavior, 2003년, Vol. 35(3), pp. 311–330

- Abel, T and M. Stephan(2000) 「The LImits of Civic Environmentalism」 Ameircan Bjavioral Scientist, 44(4) : 614-628

- Rich, R C, M. Edelstein, W. K. Hallman, and A, Wandersman(1994) 「Citizen Participation and Empoermnet : The Case of Local Environmental Hazard」 American Journal of Comunity Pcychology 23 : 657-676.

- 신송백, 송백 칼럼 '2011년 서울시 무상급식 주민투표, 한국사회 정치갈등의 도화선이 되다' 공직신문 NDNews 2024.09.03.

- Barber, Benjamin R.(1984) 「Strong Democracy: Participatory Politics for a New Age」 Berkeley University of California Press

- Scarrow, Susan E.(2001) 「irect Democracy and Institutional Change: A Comparative Investigation」 Comparative Political Studies, 34(6), 651–665.

- Tolbert, McNeal/Smith(2001) 「미국 투표 이니셔티브가 투표율에 미치는 영향」 미국정치연구 29(6)

- 존 G. 마츠사카(1995) 「유권자 이니셔티브의 재정적 효과:지난 30년간의 증거」 정치경제학저널 제103권 3호 (https://www.journals.uchicago.edu/doi/abs/10.1086/261996?utm_source=chatgpt.com)

- André Eschet-Schwarz(1989) 「Political participation in Swiss referenda at federal and cantonal levels 1879–1981」 1989년 9월 제11권 255-272쪽

- Lipset, Seymour Martin, William Schneider, and John L. Marks(1995) 「The Politics of Gay Rights」 University of Chicago Press, 1995.」

- Habermas, Jürgen.(1992). Faktizität und Geltung: Beiträge zur Diskurstheorie des Rechts und des demokratischen Rechtsstaats 영어판: Between Facts and Norms: Contributions to a Discourse Theory of Law and Democracy (1996, trans. William Rehg)

- Paul Burstein, Rachel L. Einwohner, and Jocelyn A. Hollander (1996)

- The Success of Political Movements: A Bargaining Perspective. → In: Doug McAdam, John D. McCarthy, and Mayer Zald (Eds.)

- Comparative Perspectives on Social Movements: Political Opportunities,

Mobilizing Structures, and Cultural Framings, Cambridge University Press, pp 275-295.

- Gamble, B. S. (1997). 「Putting Civil Rights to a Popular Vote」 American Journal of Political Science, 41(1), 245–269.

- Zoltan Hajnal & Hugh LouchAre(2001) 「There Winners and Losers? Race, Ethnicity, and California's Initiative Process」 PUBLIC POLICY INSTITUTE OF CALIFORNIA

  (https://www.ppic.org/wp-content/uploads/content/pubs/report/R_1001ZHR.pdf?utm_source=chatgpt.com)

- 사우스오스트레일리아주(Adelaide) 시민배심원단(2013–2016)

- Older people's perspectives on frailty screening in primary care settings – a citizens' jury study

  (https://bmcprimcare.biomedcentral.com/articles/10.1186/s12875-024-02626-8?utm_source=chatgpt.com

- 「더블린 시민의회 보고서(Report of the Dublin Citizen's Assembly 2022)」

  (https://citizensassembly.ie/wp-content/uploads/2023/03/report_dublincitizensassembly_final_lowres.pdf

- 핀란드 봉쇄대화(Lockdown Dialogues)

  (https://www.sitra.fi/wp/wp-content/uploads/2022/06/sitra-lockdown-dialogues.pdf)

- OECD: 핀란드 공공기관 신뢰도 제고(2021)

  (https://www.oecd.org/content/dam/oecd/en/publications/reports/2021/05/drivers-of-trust-in-public-institutions-in-finland_258ab3b7/52600c9e-en.pdf?utm_source=chatgpt.com)

- PEOPLE 2025년 3월 20일 기사

  (https://people.com/european-country-named-happiest-for-eighth-year-where-does-us-rank-11700287?utm_source=chatgpt.com)

- Elina Henttonen(2022) 「핀란드 봉쇄대화 공식보고서」 헬싱키, Sitra(핀란드 미래기금) Lockdown Dialogues: Crisis experiences and model for national dialogue

• Paul D. Schumaker (1975). "Policy Responsiveness to Protest-Group Demands" → The Journal of Politics, Vol. 37, No. 2 (May 1975), pp 488-521.

• 캐롤라인 J. 톨버트, 라모나 S. 맥닐, 다니엘 A. 스미스(2021) 『분기별주 정치 및 정책』 케임브리지 대학교 출판부 (https://doi.org/10.1177/153244000300300102)

• 보건복지부 한국청소년정책연구원 국가 청소년 위원회(2007) 「한국 청소년 행복지수 조사연구」

• 「교육행정학연구 Korean Journal of Educational Administration 2025」 2p 43건 제2호 pp. 203~238 (http://dx.doi.org/10.22553/keas.2025.43.2.203)

• 「교육행정학연구 Korean Journal of Educational Administration 2024」 제42권, 제5호 pp. 363~408 (http://dx.doi.org/10.22553/keas.2024.42.5.363)

• 2024 지구촌 행복지수(happy Planet Index, HPI, 2024)

• 김윤철 「문명전환의 시대와 글로벌 민주주의의 위기 - 그 의미와 세계시민교육에 주는 시사점」 2024

• 「Korean Journal of General Education」 2024.12. Vol. 18, No. 6, PP. 247-258 (https://doi.org/10.46392/kjge.2024.18.6.247)

• 독일 중앙접수제도 DOSV 또는 Hochschulstart.de (https://www.hochschulstart.de/)

• 류방란(2024) 「교육개혁의 민주적 혁신에 대한 소고:국가교육위원회의 이론적 배경을 중심으로」 Asian Journal of Education 2024, Vol. 25, No. 4,pp. 579-601. (https://doi.org/10.15753/aje.2024.12.25.4.579)

• 보건복지부 한국청소년정책연구원 국가 청소년 위원회(2007) 「한국 청소년 행복지수 조사연구」

• 「아동·청소년 삶의 질 2022」(통계청 통계개발원)

• 「한국 청소년 행복지수 조사연구」(보건복지부 한국청소년정책연구원 국가 청소년 위원회, 2007)

• 김윤철(2024) 「문명전환의 시대와 글로벌 민주주의의 위기 - 그 의미와 세계시민교육에 주는 시사점」

• 박선나(2024) 「한국과 일본의 고등교육 개혁에 영향을 미친 정책 환경 비교 : 일

본 대학심의회 답신 및 한국 5.31 교육개혁을 중심으로」

• 박선나 외(2025)「5.31 교육개혁 무의사결정에 대한 다중 사례 연구 : 신대학, 대학원 수준 교원양성, 유아학교 의제」

• 박엄지, 조민석, 박수희(2022)「노인 인구의 운동 및 신체활동 정도에 따른 우울감과 인지장애 경험에 관한 연구」고령자·치매작업치료학회 2022.05 16권 1호 105-115(11pages)

• WHO (https://v.daum.net/v/20190405042700938)

• WHO (https://v.daum.net/v/20231117163508351)

• 통계청(2022) 사망원인통계
  (https://www.kostat.go.kr/board.es?mid=a10301060200&bid=218&act=view &list_no=427216)

• 김경자(2025) 국회토론회 '노인의료비 국가책임제 시행방안 국회토론회'

• 신정택, 박윤식(2024)「노인의 신체활동 유형이 불안 및 삶의 질에 미치는 영향」 2024, 한국웰니스학회지 v.19 no.1 2024년, pp 161-166

• 한반도미래인구연구원「2024년 인구보고서」
  (https://v.daum.net/v/20240506203616276)

• 국민건강보험공단「지속가능경영보고서(2023)」

• 국민건강보험 건강보험연구원(2022)『주요국의 건강보장제도 현황과 정책동향 제7권』미국(김승희, 이희승, 송지은, 최문정)

• 김윤(2024) 국회 토론회 발제문 '위기의 대한민국 의료체계 : 진단과 극복 전략'

• 국정기획위원회(국정기획위) 대국민 보고대회 자료
  (https://www.dailymedi.com/news/news_view.php?wr_id=927841)

• 한비야, 김경주(2024)「한국 개발 NGO의 세계시민교육 운영과 시사점:월드비전 세계시민학교 사례를 중심으로」국제이해교육연구 19(3): 1-36(2024) 한국국제이해교육학회
  (https://www.koseiu.or.kr/index.php?bo_idx=3&hCode=BOARD&idx=213 &page=view&pg=1&sfl=&stx=&utm_source=chatgpt.com)

• Klandermans, Bert (1992). "The Social Construction of Protest and Multiorganizational Fields." → In Aldon Morris & Carol McClurg Mueller (Eds.),

- 『Frontiers in Social Movement Theory』 Yale University Press, pp 77-103.
- 김은경(2025) 「불평등 해소를 위한 주민참여의 이론적 재구성: 숙의 민주주의와 사회적 자본론의 교차점 탐색」 (https://doi.org/10.54968/civicpol.2025.10.87)
- 시민단체 직장갑질119 설문 결과(여론조사 전문기관 글로벌리서치) (https://v.daum.net/v/20240513085902445)
- 김창엽(2021) 「상품화된 의료에 돌봄은 없다」 (https://v.daum.net/v/20210704104811805)
- 박명준(2024) 「노동조합의 사회적 대화 정치의 성공을 위한 행위론적 조건 영향 논리와 성원논리의 괴리 극복을 중심으로」 한국사회학 제58집 제4호 (2024년), pp. 51~98
- Peter Jensen(1996) 「Employment Policy in Denmark - High Levels of Employment」 Flexibility and Welfare Security
- Labour Market Studies DENMARK1996 PLS Consultand (https://www.jil.go.jp/english/events/documents/20050209/chapter9.pdf?utm_source=chatgpt.com)
- 김상아(2018) 「국민행복지수를 높이는 문화복지정책 연구- 덴마크 등 북유럽 국가 사례를 중심으로」
- 정경훈 외 1인 「산업전환 시 고용안정 지원의 실효성 확보를 위한 사회적 대화 기구의 역할 재정립」 (http://dx.doi.org/10.21589/ajlaw.2024.18.2.145)
- 강주리(2024) 「생태적 전환 과정에서 공공계약의 역할 -사회적 대화 촉진 방안을 중심으로」 성균관대학교 법학연구원 성균관법학 10.17008 / skklr.2024.36.1.008 제36권 제1호(2024.03.) pp 265-288
- 이상호 「독일 자동차산업의 정의로운 전환과 노사정의 사회적 대화」
- 류승민(2025) 「석유화학 산업의 불황과 노동조합의 과제-최근 석유화학 산업 불황 극복 대책에 대하여」 KCTULI 이슈페이퍼 | 2025-05
- 남찬섭(2025) 「연금개혁 공론화의 과정 및 결과에 대한 평가와 그 함의」 한국사회정책. 2025-03 32(1):37-81 Academic Journal
- 장인수, 김홍석(2016) 「서울시민들의 주관적 건강 행복지수 결정 요인 분석」
- 보건사회연구 36(3), 2016, 085-118 「Health and Social Welfare Review 85」

(http://dx.doi.org/10.15709/hswr.2016.36.3.85)

• 통계청 2023년 연금통계 결과 (https://v.daum.net/v/20250825120230035)

• 정주진(2022) 「한반도 평화를 위한 평화구축과 '평화·통일 사회적 대화'의 유효성」 2022

• 박순성 외 공저(2019) 『통일국민협약 도출을 위한 사회적 대화 개선 방안 연구』 한국갈등학회

• E. Franklin Dukes and Karen Firehoke(2001) Collaboration: 『A Guide for Environmental Advocates』 Charlottesville: University of Virginia, p. 34.

• OECD 통계
(https://www.oecd.org/tax/revenue-statistics-korea.pdf?utm_source=chatgpt.com)

• 노중기(2025) 「신자유주의 시대 코포라티즘과 사회적 대화 : 이론과 비판」

• 「산업노동연구 31권 1호, 2025;5~44」

• 박명준(2023) 「조율정치로서 사회적 대화와 그 다면성-한국에서 사회적 타협의 실패를 어떻게 볼 것인가?」

• 「시민과세계, 2023년 하반기호(통권 43호) pp 1-36

• '연금개혁, 국민이 말한다' 집담회 (http://pensionforall.kr/2024/02/22/1-48/)